CARE-Paket & Co.

[GESCHICHTE ERZÄHLT]

Herausgegeben von
Kai Brodersen, Uwe A. Oster, Thomas Scharff und Ute Schneider

Bd. 1, Die Welt Homers, ISBN 978-3-89678-319-6

Bd. 2, Hexenjagd in Deutschland, ISBN 978-3-89678-320-2

Bd. 3, Der königliche Kaufmann oder wie man ein Königreich saniert, ISBN 978-3-89678324-0

Bd. 4, Zechen und Bechern. Eine Kulturgeschichte des Trinkens und Betrinkens, ISBN 978-3-89678-323-3

Bd. 5, Hinter Klostermauern. Alltag im mittelalterlichen Kloster, ISBN 978-3-89678-321-9

Bd. 6, Krieg in der Antike, ISBN 978-3-89678-339-4

Bd. 7, CARE-Paket & Co. Von der Liebesgabe zum Westpaket, ISBN 978-3-89678-344-8

Bd. 8, Unter dem Vesuv. Alltag in Pompeji, ISBN 978-3-89678-340-0

Bd. 9, Baden, spielen, lachen. Wie die Römer ihre Freizeit verbrachten, ISBN 978-3-89678-346-2

Bd. 10, Seide, Pfeffer und Kanonen. Globalisierung im Mittelalter, ISBN 978-3-89678-322-6

Bd. 11, Veni, vidi, vici. Caesar und die Kunst der Selbstdarstellung, ISBN 978-3-89678-333-2

Bd. 12, Napoleons Soldaten. Alltag in der Grande Armée, ISBN 978-3-89678-366-0

Volker Ilgen

CARE-Paket & Co.

Von der Liebesgabe zum Westpaket

[GESCHICHTE ERZÄHLT]

Die Deutsche Nationalbibliothek verzeichnet diese Publikation in der Deutschen Nationalbibliografie; detaillierte bibliografische Daten sind im Internet über http://dnb.d-nb.de abrufbar.

Die Herausgabe des Werkes wurde durch die Vereinsmitglieder der WBG ermöglicht.
Gedruckt auf säurefreiem und alterungsbeständigem Papier
Einbandgestaltung: Jutta Schneider, Frankfurt
Einbandabbildung: Der amerikanische Schauspieler Joseph Cotten verteilt CARE-Pakete an die Familie des Kriegsinvaliden Karl Kutak.
Foto: picture-alliance / akg-images
Layout: Petra Bachmann, Weinheim
Gestaltung und Satz: Anja Harms, Oberursel
Printed in Germany

www.primusverlag.de

ISBN: 978-3-89678-344-8

Inhalt

Das Paket als Gabe

Mein Großvater mütterlicherseits, Frontsoldat im Ersten und Generalstabsoffizier im Zweiten Weltkrieg, war kein Freund der Amerikaner und schon gar nicht ihres *way of life*. Er fand sie schlicht kulturlos und verzieh ihnen nie, dass sie sein selbst ernanntes Volk der Dichter und Denker kraft ihrer überlegenen Wirtschafts- und Militärmacht gleich zweimal in die Knie gezwungen hatten. Anfang 1947 hörte seine Tochter, damals gerade Dolmetscherin bei der britischen Besatzungsmacht, dass vom Hilfswerk der evangelischen Kirche Lebensmittelspenden aus CARE-Paketen an Bedürftige verteilt würden. In diesem Falle nützten ihre Englischkenntnisse jedoch wenig, da unsere Familie weder Verwandte noch Bekannte in den USA hatte und nach den strengen Kriterien der diese Gaben verteilenden deutschen Wohlfahrtsverbände auch keineswegs „bedürftig" war. Dennoch stellte sie sofort Überlegungen an, wie sich ein paar der amerikanischen Köstlichkeiten ergattern ließen.

Mein Großvater hingegen fand das Vorhaben schlicht würdelos: Seiner Meinung nach stand es einer deutschen Offiziersfamilie auch in der Niederlage nicht an, Almosen zu erbetteln. Gleichwohl machte sich seine Tochter alsbald auf den Weg zur Ausgabestelle, wo es ihr tatsächlich gelang, den christlichen Nothelfern ein wenig Mehl, Zucker und Schmalz mit welch abenteuerlicher Mitleidsgeschichte auch immer abzuschwatzen. Zunächst weigerte sich mein Großvater, auch nur ein Gramm der „feindlichen" Nahrungsmittel anzurühren, doch schließlich siegte der Hunger, denn „erst kommt das Fressen, dann kommt die Moral", wie Bert Brecht bereits 1928 in seiner Dreigroschenoper formulierte.

Der Ausschnitt aus der Familiengeschichte soll untermalen, wovon dieses Buch handelt: Es wird die Geschichte dreier Sonderformen von Paketen erzählt, die als „Geschenke" in der deutschen und für die deutsche Gesellschaft im 20. Jahrhundert individuell wie kollektiv eine herausragende Rolle gespielt haben, dürfte doch jede Leserin und jeder Leser entweder selbst oder über Berichte älterer Familienmitglieder irgendwann mit diesen kommunikativen „Beziehungszeichen", wie der Soziologe Erving Goffmann Geschenke auffasst, in Berührung gekommen sein. Zu meiner Familienstory hinzuzufügen wäre nämlich noch, dass der Großvater seinem Enkel – „Opa, erzähl mal vom Krieg" – vorschwärmte, welche Freude ihm während des Ersten Weltkriegs ein Liebesgaben-Paket als „Gruß aus der Heimat" bereitet hatte, das zu ihm in den Schützengraben an der Westfront gelangt war. Auch kann ich mich noch gut daran erinnern, dass in den 60er- und 70er-Jahren regelmäßig Pakete für die in der „Ostzone" lebenden Verwandten unserer Familie auf dem Küchentisch meiner Großmutter geschnürt wurden. Allerdings geht es im Folgenden nicht um den individuellen, auf persönlicher Ebene erfolgten Geschenkpaketverkehr, sondern um die „kollektiven" Pakete, also die, welche z. B. Wohlfahrtsverbände packten und verschickten. Erst als diese Beziehungszeichen von der Anonymität des Privatraums in den der Öffentlichkeit gelangten, konnten sie jene mythische Aufladung erfahren, die sie, jenseits ihres reinen Gebrauchswertes und jenseits ihrer Funktion als individuelle Gefühlsäußerungen, in sozialpolitische Megasymbole verwandelte.

Die sozialpolitische Bedeutung der guten Gaben

Der Austausch von Geschenken gehört zu den frühesten sozialen Verkehrsformen der Menschheit, bei denen im Sinne des Ethnologen Marcel Mauss, der in seinem bekannten *Essai sur le don* bereits 1923 eine Kulturtheorie der Gabe aufstellte, ein „System totaler Leistungen" zum Tragen kommt, dessen Komplexität sich durch das gleichzeitige Wirken und Ineinanderverwobensein ökonomischer, juristischer, moralischer, ästhetischer und mythologischer Motive und Handlungen ausdrückt. In der ersten Zielrichtung hatte Gabentausch den Sinn, Gesellschaft überhaupt zu konstituieren, was sich etwa in dem aus dem Lateinischen stammenden Wort „Kommune" = „Gemeinschaft" noch widerspiegelt, das aus einer Kontraktion von *cum muneribus* = „mit Geschenken" herrührt. Die sozial integrierende Kraft der Gabe erklärt sich aus ihrer anthropologischen Nähe zum archaischen Opfer, bei dem die höchstmögliche Form der Gabe in der Darbringung des eigenen Lebens bestand. In nur wenig säkularisierter Verschleierung sollte gerade dieser Aspekt z. B. bei der Liebesgabe im Ersten Weltkrieg eine wichtige Rolle spielen, wurde doch, sofern das gedankliche Experiment einer verkürzenden Reduktion der Heimat-Front-Interaktion auf das bipolare Kommunikationspaar „Gabe versus Gegengabe" gestattet ist, die „Gegengabe" des Soldaten allgemeingesellschaftlich dahingehend definiert, das Leben einer „höheren Instanz", dem Kaiser und/oder dem Vaterland, zu verschreiben.

Auch wenn Mauss' Untersuchungen sich auf vorindustrielle Gesellschaften der, wie wir es heute nennen würden, „Dritten Welt", bezogen, finden sich in abgeschwächter und modifizierter Form alle Sinn- und Zweckkonstituenten der ursprünglichen Gabe auch in unserer globalisierten Welt wieder. Geschenke haben eine ökonomische Bedeutung. Zugleich gehen sie aber über einen nach ökonomischen Prinzipien organisierten Tausch hinaus. Sie wären keine Geschenke, fänden sie ihr Maß in der Berechnung von Kosten und Nutzen. Dennoch „funktioniert" Schenken nach sozialen Regeln. Geschenke schaffen beispielsweise Machtverhältnisse und Abhängigkeiten, definieren den gesellschaftlichen Status von Schenkendem und Empfangendem, „befestigen" Stillhalteabkommen oder normieren Dankbarkeitshaltungen. Sie strukturieren in der Beobachterperspektive und in einem allgemeineren Sinn alles Soziale, wie es der Ethnologe Claude Lévi-Strauss einmal formuliert hat. Im Rahmen des Prozesses von Gabe und

Gegengabe usw. geht es so gesehen auch darum, ein möglichst befriedigendes Gleichgewicht zwischen beiden Seiten, sozusagen eine Art Waagezustand gegenseitigen Interessenausgleichs, zu erzielen. Insofern hatten die einseitigen Paketströme von Liebesgaben, CARE- und West-Paketen, ohne dass sich Sender wie Empfänger immer darüber im Klaren waren, auch die Aufgabe, das gefühlte oder faktisch vorhandene Moment der Unausgeglichenheit aufzuheben bzw. erträglicher zu gestalten. Konkret meinte das: Liebesgaben-Geschenke im Krieg fungierten als Antidepressiva und Durchhaltestimuli für die – nach verbindlicher Definition – gefährdetsten Gruppen der Gesellschaft, also für die Soldaten an der Front; CARE-Pakete dienten vor dem Hintergrund des Kalten Krieges in den Westzonen und der Bundesrepublik als Impulsgeber für den Wiederaufbau oder als Belohnung für die Akzeptanz der Demokratie, womit letztlich die Deutschen in die Völkerfamilie reintegriert werden sollten. Und Westpakete in die DDR lassen sich, je nach ideologischem Standpunkt, als beflügelnde Widerstandshilfe oder als Korruptionsversuche für die im Vergleich zu ihren Verwandten im Westen benachteiligten Brüder und Schwestern im Osten begreifen. Die Geschenkpakete hatten somit für die Absender auch eine gewisse Erlösungsfunktion – sie dienten schlicht zur Entlastung des schlechten Gewissens.

Auf der anderen Seite sahen sich die Empfänger durch die Gaben bzw. durch die hier zur Rede stehenden Pakettypen mit dem Problem der Inadäquatheit konfrontiert, d.h. mit der Unmöglichkeit, sie „gleichwertig“ erwidern zu können. Unterschwellig transportierte die Gabe nämlich die Forderung, in Zukunft eine Gegenleistung erbringen zu müssen, die im Moment der Übergabe bzw. Annahme weder spezifiziert wurde noch explizit verlangt werden konnte. Der Soziologe Georg Simmel hat entsprechend Dankbarkeit als moralisches Gedächtnis der Menschheit bezeichnet, da sie die ideelle Beziehung vom Empfänger zum Sender fortleben lässt, auch wenn die konkrete Beziehung längst abgebrochen ist und der Akt des Gebens und Nehmens längst der Vergangenheit angehört. Verifizieren lässt sich diese kaum mehr aufzulösende Situation einer unbewussten, damit dauerhaften „Bringschuld“ z.B. in der Person des Altbundeskanzlers Helmut Kohl, dessen äußerst positive Grundhaltung gegenüber den USA auch mit der grenzenlosen Dankbarkeit zusammenhing, die er zeitlebens gegenüber den Amerikanern empfand, nachdem er in jugendlichem Alter in den Genuss amerikanischer Schulspeisungen gekommen war.

Darüber hinaus führten als immaterielles Beipack tendenziell die meisten dieser Geschenke das „Odium“ des Almosens mit sich – mit Ausnahme der Liebesgaben im Ersten Weltkrieg, da die Spender hier auf gleicher Augenhöhe mit den Empfängern agierten und ihre Geschenke oft unter Einschränkung des eigenen Lebensstandards von ihren kargen Mitteln abknappsen mussten.

Beim Westpaket der „reichen“ Bundesbürger hingegen löste der potenzielle Almosenaspekt auf Empfängerseite die hektische Suche nach einer passenden Gegengabe aus. Wenn diese dann mit Räuchermännchen aus dem Erzgebirge oder den berühmt-berüchtigten Häkel-Sofaschonern eintrafen, führte das auf der Westseite oftmals zu naserümpfender Fehlinterpretation, weil der DDR-Bürger damit weder die in der Bundesrepublik quasi als Sozialnorm verbreitete Metapher von den „armen Brüdern und Schwestern“ beachtet hatte noch der „großherzige“ Westler die psychologische Tiefendimension des östlichen Reflexes durchschaute: Wer schenkt, opfert zwar einen Teil seiner Ressourcen, bedroht aber damit den Autonomiestatus des Beschenkten.

Im Geschenk offenbart sich immer auch die Identität des Schenkenden, was Simmel als „Expansion des Ich“ bezeichnete: Wenn vaterländisch motivierte Frauen, wie im Ersten Weltkrieg geschehen, für die Soldaten als Liebesgabe Leseheftchen anfertigten, in die sie Zeitungsartikel, Zeichnungen oder Fotos nach eigenem Gusto einklebten, oder wenn Amerikanerinnen rosafarbene Morgenmäntel mit Goldplissé in CARE-Paketen ins derangierte Nachkriegsdeutschland mitschicken ließen, stülpten sie den Empfängern einen Teil ihres eigenen Ichs über. Insofern sind sowohl die individuellen Gegenreaktionen der DDR-Bürger als auch der harsche Umgang ihrer Staatsführung mit der westdeutschen Paketflut verständlich, wobei sich das SED-Regime auf eine die eigene Verweigerungshaltung entlastende, da erklärende Ebene zurückziehen konnte, indem es ein Grundaxiom der marxistischen Gesellschaftslehre aufrief, wonach Eigentum bzw. dessen virtuos-spielerischer Einsatz in Form der Westpakete als Quelle und Resultat für Ausbeutung zu definieren ist.

Eine große Familie

Im Kern ging (und geht) es immer darum, mittels Geschenken das gesellschaftliche Basismodell der Familie nicht nur zu perpetuieren, sondern als Funktionsmodell auch auf größere Verbände wie den der Gemeinde oder den der Nation zu übertragen bis hin zur imaginativen Konstruktion einer Weltfamilie. Besonders eindrucksvoll lässt sich das an der Liebesgabe demonstrieren: Das patriarchalische Führungssystem des Kaiserreichs beinhaltete bekanntermaßen eine Fürsorgepflicht für die „Untergebenen", verstand sich doch ein Unternehmen ebenso wie eine Behörde als nächstgrößerer „familiärer" Verband nach der biologischen Kerneinheit, mit der man gemeinsam aufgehoben war im noch größeren Familienverband der Nation. Die Liebesgabe als identitätsstiftendes und -bewahrendes Objekt musste geradezu zwanghaft zum beherrschenden Leitsymbol sämtlicher kriegsfürsorglicher Anstrengungen aufsteigen, konnte man sich doch mit ihr die Unversehrtheit der familiären Bindungen wechselseitig, also von der Heimat zur Front und in umgekehrter Richtung kontinuierlich bestätigen. In diesem Sinne fungierte die Liebesgabe als Treibmittel zur „Sicherung und Erhaltung der Volkskraft", wie das klarsichtig der Ersatzkaffee-Hersteller Richard Franck, bezeichnenderweise also ein Kaufmann, in der Zeitschrift seines Betriebes zu Weihnachten 1915 formulierte. Aus dem Zwang, die nationale (Familien-)Gemeinschaft immer aufs Neue stabilisieren zu müssen, erklärt sich dann auch ein Erstarren des Geschenkprozedere zum reflexiven Ritual und, weit wichtiger, die Notwendigkeit zur Permanenz.

Es kommt nicht von ungefähr, dass der etymologische Herkunftshorizont der „Liebesgabe" im volkskundlichen Brauchtum um

Verlobung und Hochzeit zu suchen ist. Zunächst handelte es sich hierbei um ein Objekt, das der Bräutigam seiner Zukünftigen als „Pfand" der potenziellen Verbindung aushändigte, was, sofern es öffentlich geschah, einen juristisch verbindlichen Charakter trug. Die Pfandübergabe erfolgte also aus wert-, aber auch aus zweckrationalen Gründen. Bald firmierten sämtliche Gegenstände, die bei einer Hochzeit von den beteiligten Familien, Verwandten, Bekannten und der mit ihnen verbundenen Klientel überreicht wurden, unter dem Begriff „Liebesgabe". Der Transfer in größere Zusammenhänge erscheint da, folgt man dem skizzierten Modell der Nation als Familie, nur logisch. Dies erklärt auch, warum die „Liebesgabe" schließlich in inflationärem Ausmaß als Oberbegriff für sämtliche Waren, die an Bedürftige kostenlos gegeben wurden, dienen konnte. Und genauso erklärt sich daraus, dass zu keinen Zeiten in der an Katastrophen reichen deutschen Geschichte eine Desavouierung des Begriffs erfolgte: Selbst das CARE-Paket und das Westpaket zollten der symbolischen Strahlkraft des Begriffs Tribut, sie wurden etwa in amtlichen Schriftstücken oft nur als „Liebesgaben" bezeichnet. Einzig dem CARE-Paket sollte es gelingen, eine eigene Begriffskarriere als griffiges Synonym für „Überlebenshilfe" in der deutschen Mentalität zu durchlaufen.

Heile Welt im Paket

Die identitätsstiftende Wirkungsmacht der Liebesgabe lässt sich am besten bei den ritualisierten Geschenkhandlungen anlässlich des Weihnachtsfestes beobachten. Hier ist das, um mit dem Kulturhistoriker Johan Huizinga zu sprechen, „gewöhnliche Leben" für ein paar Tage außer Kraft gesetzt. Im christlichen Sinne, aber auch unter archaisch-heidnischen Gesichtspunkten – es ist die Zeit der Wintersonnenwende – erneuert sich die Menschheit. Die Kleinfamilie erfährt sich in der Verschmelzung von religiösen Sinngehalten und deren Profanierung als heilige Familie – die Mutter kann sich als biblische Maria fühlen, und die Kinder erhalten wie das Jesuskind Geschenke. Die Vereinzelung des Menschen wird durch Besuche und Einladungen aufgehoben und das Netz der sozialen Verbundenheit innerhalb wie außerhalb der Kernfamilie neu gewoben und vermessen. Damit verbunden ist eine erhöhte Gebefreudigkeit: Man zeigt Reue und Scham darüber, dass es einem selbst gut geht, während andere darben oder mit dem Verlust ihres Lebens bedroht sind, was sich mit der Ableistung einer wohltätigen Spende leichter ertragen lässt. Für den öffentlichen Geschenkpaketverkehr war denn auch zu Weihnachten stets die höchste Aktivität zu verzeichnen, egal, um welchen Zeithorizont oder welchen der drei Pakettypen es sich gerade handelte.

Den archaischen Grundprinzipien des Gabenpakets als solchem korrespondiert sein hauptsächlicher, sozusagen musterhafter Inhalt: In erster Linie wurden Lebensmittel verschickt. Wie die Wissenschaft herausgefunden hat, spielten Festessen, Einladungen zum Essen bzw. die Übergabe von Nahrungsgütern als Geschenke eine herausragende Rolle in der Gabengeschichte, vor allem, als das tägliche Essen noch keineswegs eine Selbstverständlichkeit war. Abgesehen vom CARE-Paket, dessen Inhalt in des Wortes wahrster Bedeutung im ausgehungerten Nachkriegsdeutschland eine Überlebenshilfe darstellte, ging dies bei den anderen beiden Pakettypen an der Sache vorbei: Weder die Soldaten noch die DDR-Bürger benötigten die zugeschickten Lebensmittel tatsächlich zum täglichen Überleben. Doch auch diese Pakete stellten in der anthropologischen Tiefendimension quasi die Situation einer archaischen Festtafel nach, wo sich die Menschen versammeln, um sich gemeinsam zu stärken und im kommunikativen Austausch Bündnisse zu schmieden oder Trennendes auszuräumen. Ein Geschenk – und nichts anderes waren ja die Pakete – bezieht sich sprachgeschichtlich auf diese Tafelsituation, bedeutet doch „schenken“ ursächlich „jemandem etwas zum Trinken einschenken“, ihn also zu erfrischen, zu laben, um sein Wohl besorgt zu sein. Trinken und Essen hält im Wortsinne „Leib und Seele zusammen“, symbolisiert Herz und Heim, in der weiteren Interpretation sogar „Mutter“, sofern dieser assoziative Ausflug zum Bild des Säuglings an der Brust, der mit der Milch Nahrung aufnimmt, erlaubt ist. Mithin rufen Lebensmittel stärkste Gefühlsmuster auf. Wenn der mit einem Paket Beschenkte die darin befindlichen Esswaren konsumierte, so nahm er, um die archaische Tafel im übertragenen Sinn zu vollenden, im Gedenken den Geber auf an seinem Esstisch. Selbst durch die regelmäßige Beigabe von „ambivalenten“ Lebensmitteln, also solchen, die nicht notwendig zur täglichen Nahrungsaufnahme dienten wie Kaffee, Tabak oder Schokolade, wurde die archaische Situation keineswegs überwunden, sondern qualitativ nur auf eine neue Stufe gehoben: Mit der Überlassung dieser Surplus-Gaben führte der Schenkende durch den damit verbundenen Reiz des Außergewöhnlichen eine neue ästhetische Dimension in die Kommunikation ein – zementierte also, wenn man so will, seinen Status. Zum anderen signalisierte er dem Empfänger im Falle der Liebesgabe die unbedingte Opferbereitschaft der Heimat, in dem des Westpakets die Überlegenheit des eigenen Systems. Wozu auch – last but not least – die Verpackung des Pakets, vor allem aber diejenige der darin ge- und verborgenen Objekte zählte, spitzte sie doch dramaturgisch die Empfangssituation zu: Selbst Belangloses erschien bedeutsamer. Womit wir quasi wieder an den Ausgangspunkt der Überlegungen zurückgekehrt wären: Die Pakete, egal welchen Typs, bedienten Sehnsüchte und Hoffnungen auf eine bessere Zukunft, offerierten sie doch stets ein Stück heile Welt in der meist unheilen der Empfangenden.

Liebesgaben für Soldaten: Ströme der Stärkung und des Segens

Erstmals taucht der Begriff Liebesgabe als Geschenkzuwendung für Soldaten im Zeitalter der sogenannten Befreiungskriege zwischen 1813 und 1815 auf, als die Abschüttelung des „napoleonischen Jochs" jenseits der dynastischen Interessen der Fürsten zu einem Anliegen der Bürger in ganz Deutschland geriet. Über die antifranzösische Grundhaltung entwickelte sich damals die Vorstellung einer einigen deutschen Nation, was in der Folge dazu führte, dass der Soldat als Vaterlandsverteidiger begriffen wurde, den es bedingungslos zu unterstützen galt. Der „deutsche Heldenjüngling" versah seine „staatsbürgerlichen Pflichten" nicht länger als zum Dienst gepresster Uniformträger, sondern als Freiwilliger, der von der Idee eines freien Deutschlands beflügelt war. Darüber hinaus hatten die Deutschen vom Feind gelernt: Nach dem französischen Vorbild der *Levée en masse*[1], auf deren Grundlage Napoleon überhaupt erst seine „Erfolge" erringen konnte, wurde mit der Errichtung von Landwehr-Einheiten die allgemeine Wehrpflicht eingeführt.

Die Heimat war schon damals als zuarbeitende „zweite Front" in das blutige Geschehen involviert. Die Kriegshilfe hier wurde hauptsächlich von sich rasch bildenden patriotischen Frauenverbänden geleistet, die Verletzte und Kranke pflegten, Verbandsmaterialien und Kleidung für die Soldaten herstellten, Fahnen bestickten und neben Geld- auch Gabensammlungen für die Krieger veranstalteten. Vorwiegend aus gehobenen Kreisen des Bürgertums und der adligen Oberschicht stammend, verstanden die Damen Liebesgaben nicht nur als sichtbaren Ausdruck der engen Verbundenheit zwischen Angehörigen und „ihren“ Kämpfern, sondern auch schon als identitätsstiftendes Band zwischen Heimat und Front. Knapp sechzig Jahre später sollte Heinrich von Stephan, der mit der Organisation der Feldpost im Deutsch-Französischen Krieg beauftragt war,[2] genau diesen ideellen Aspekt auf den für alle „National“-Kriege geltenden Punkt bringen:

> Der ungehemmte Fluß der Nachrichten von der Armee zur Heimath und umgekehrt verstärkt die Lebensströmung, welche beide verbindet: Er verschafft den Zurückgebliebenen Trost und Beruhigung; er gewährt ihnen die Erquickung des geistigen und Herzensverkehrs mit den Lieben am heimischen Herd; er beflügelt die ergreifende Gewalt des entflammten Nationalgeistes; und er stählt die aus dem Zusammenhang mit dem Vaterlande hervorgehende sittliche Kraft, welche einen so wesentlichen Theil der Stärke und Überlegenheit Deutscher Heere ausmacht.[3]

Von Stephans Ausführungen zur mentalen Funktion des Briefs lassen sich entsprechend auf die der Liebesgabe übertragen. Dass diese als Ausdrucksmittel patriotisch motivierter Wohltätigkeit aber eine (groß)bürgerliche Einrichtung war und blieb, zeigte sich nicht zuletzt daran, dass noch im Ersten Weltkrieg in eher ländlichen Milieus nicht nur weit weniger gespendet wurde als in städtischen, sondern auch die Kriegshilfe-Organisationen einen deutlich geringeren Zulauf an ehrenamtlichen Mitarbeitern und Mitarbeiterinnen zu verzeichnen hatten.

Weit mehr als ein Geschenk: Liebesgaben im Deutsch-Französischen Krieg 1870/71

Schon wenige Tage nach der Kriegserklärung Frankreichs an Preußen bildeten sich überall in Deutschland spezielle Kriegshilfe-Ausschüsse. Meist unter dem Titel „Allgemeiner Hülfsverein“ ins Leben gerufen, widmeten sich die Organisationen in erster Linie der medizinisch unterstützenden Betreuung von Verwundeten in den Heimatlazaretten.

Die freien Wohlfahrtsverbände

Nach der Reichsgründung 1871 entstanden die ersten modernen Wohlfahrtsorganisationen. Allerdings präsentierte sich die Fürsorgelandschaft als äußerst zersplittert, ein Umstand, der erst spät behoben werden konnte: 1916 erkannte die katholische Kirche den schon länger bestehenden „Charitasverband" als ihre alleinige Wohlfahrtsorganisation an, 1919 wurde der „Hauptausschuß für die Arbeiterwohlfahrt" (AWO) gegründet und 1930 bildete sich der „Deutsche Paritätische Wohlfahrtsverband". Seit 1926 sind insgesamt fünf Organisationen als „Spitzenverbände" staatlich verankert.

Bereits nach kurzer Zeit gesellte sich als weitere „nationale" Aufgabe hinzu, die in Frankreich kämpfenden Truppen mit Liebesgaben aller Art zu unterstützen. In den einschlägigen Spendenaufrufen verblüfft dabei die oftmals bemühte Vermeidung dieses doch so werbewirksamen Begriffs, zumal er sich, wie etwa zeitgenössische Briefwechsel zeigen, bereits in allen Volksschichten als gängige Vokabel durchgesetzt hatte. Stattdessen versuchte man mit äußerst neutralen Begrifflichkeiten wie „Unterstützungsgegenstände" oder „Erfrischungen" – worunter Kaffee-Ersatz genauso zu verstehen war wie Sodawasser oder Zitronen – die Herzen potenzieller Spender zu erreichen.

Offensichtlich mussten sich die einschlägigen Vereine zunächst an die neue „Aufgabe" gewöhnen, die sie von ihrer eigentlichen Haupttätigkeit, der Krankenpflege, in, wie sie meinten, unangemessener Weise fernhielt: „Wenn schließlich die Frage zu erörtern ist, welcher Werth diesem Gebiete der freiwilligen Hilfsthätigkeit in der Reihe der einzelnen Aufgaben der Vereinswirksamkeit im Kriege zukommt, so müssen wir derselben die unterste Rangstufe der freiwilligen Leistungen im Kriege anzuweisen uns versucht sehen." Den badischen Frauenverein, aus dessen 1872 erschienenem Rechenschaftsbericht[4] diese Einschätzung stammt, störten vor allem drei Dinge: Zum Ersten handelte es sich nach seiner Auffassung bei der Liebesgabenversorgung eigentlich um eine Aufgabe staatlicher „Wirksamkeit, welche ihr, genau genommen, ganz zu eigen bleiben sollte“. Zum Zweiten wollte man nicht so recht einsehen, warum ausgerechnet der „gesunde“ Soldat im Feld Gaben erhalten sollte, während die Verwundeten weit weniger im Fokus des öffentlichen Hilfsinteresses stünden. Und auch in einem dritten Punkt sah sich der Verein in seiner generellen Skepsis gegenüber dem Versand von Liebesgaben rückschauend bestätigt, hatten die Geschenke doch trotz aller Aufrufe, nationale Solidarität zu üben, in vielen Fällen zu „schädlichen Ungleichheiten“ geführt, da den Spendern stets das Hemd näher geblieben war als der Rock: „Vergebens wurde darauf hingewiesen, wie schmerzlich es sein würde, wenn reiche Bezirke für ihre Angehörigen im Felde mit allen Kräften beisteuerten, für die Soldaten ärmerer Landesgegenden aber nichts übrig behalten wollten.“

Was der Bericht mit seinem Hinweis, die Versorgung mit Liebesgaben sei Aufgabe der jeweiligen Regierungen, nur verschämt zu kritisieren wagte, verwies auf einen äußerst heiklen Umstand damaliger Kriegsführung: Traditionell wurde die Heeresversorgung nämlich durch private Vertragslieferanten besorgt, was zu keiner Phase des Krieges auch nur annähernd gelang. Dabei spielte zusätzlich die „Schwundrate“ eine beträchtliche Rolle, wie ein Ordonnanzoffizier in einem Brief an seine Frau beklagte: „Man schickte uns 4000 Jacken, 30 Fässer Rum – es kamen zu uns: 286 Jacken, 2 Fässer Rum, der Rest gestohlen.“[5] Folglich fehlte es den Soldaten an allem. Sie griffen daher zu einer von den Vorgesetzten nicht nur geduldeten, sondern häufig sogar angeordneten „Notwehr“, wie sich dem Brief eines Braunschweiger Tischlergesellen an seine Frau vom 15. August 1870 entnehmen lässt: „[Die Franzosen] müssen alles hergeben was sie haben, Pferde u. Rindsvieh[,] alles was da ist, heute morgen bin ich mit zum Reckveriren [Requirieren] gewesen, wir ladeten 6 Fuder Holz, 4 Fuder Stroh, Wein maßenhaft.“[6]

Liebesgaben stellten vor diesem Hintergrund also keineswegs nur „überflüssige Geschenke“ zur Hebung der Kampfmoral dar, sondern halfen ganz wesentlich die mangelhafte Versorgung zu lindern.

Dass dabei auch die Schenkenden, insbesondere wenn sie selbst in weniger gut situierten Verhältnissen lebten, gezwungen waren, bis an die Grenze ihrer finanziellen Belastbarkeit zu gehen, demonstriert ein Brief der Ehefrau des erwähnten Tischlergesellen vom 29. September 1870:

> [D]ie Butter soll da (in Frankreich beim Marketender) recht theuer sein, und ich habe mir deshalb die Blechbüchse machen lassen[;] ich denke ja[,] das[s] die Butter gut bleibt[,] denn ich habe sie erst in Leinen geschlagen, es ging gerade 1 Pfd. herein. 1/2 Pfd. ist von Deiner Mutter, das andere 1/2 Pfd. ist von mir so wie Seife, Kaffee und Brodt, auch wirst Du noch Zwirn u. Nä[h]nadel, Garn u. Stopfnadel und ein wollnes Tuch dabei finden, ich hätte Dir gern noch eine Wurst gekauft[,] aber mein Geld reichte nicht aus.

Dass überhaupt Pakete an die Front geschickt werden konnten, war ein absolutes Novum in der deutschen Feldpostgeschichte. Allerdings zeigten sich die Annahmestellen in der Heimat wie die Feldpost-„Relais“ in den Kampfgebieten mit Versand wie Verteilung schnell überfordert. Dies lag vor allem an Kapazitätsproblemen, da die Postämter von den Liebesgabensendungen der Angehörigen geradezu überflutet wurden.

Am 9. Dezember 1870, also mitten im „Weihnachtsgeschäft“, sah sich Generalpostmeister von Stephan daher gezwungen, die Annahme von Paketen generell zu verbieten, was findige Geschäftsleute auf die Idee verfallen ließ, den Bürgern mit fertig gefalteten Kleinkartons, die gerade noch den Größen- und Gewichtsbestimmungen eines Feldpostbriefes entsprachen, eine halbwegs akzeptable Ersatzlösung anzubieten. Erst im Februar des Folgejahres durften wieder „richtige“ Pakete ihre Reise an die Front antreten, und bis Kriegsende sollten von Stephans Männer immerhin rund zwei Millionen Stück transportiert haben.

Für die „Hülfs-Comités“ hingegen spielte der postalische Paketversand keine Rolle, weil die Porti bei den Gütermengen, die umgeschlagen werden mussten, ihre ohnehin schmalen Logistikbudgets schnell überfordert hätten. Wie aus einer Auflistung des Freiburger Vereins vom 4. Dezember 1870 anlässlich einer Sendung „normalen“ Umfangs hervorgeht, kamen da nämlich zum Versand: 228 wollene Hemden, 101 Paar Unterjacken, 539 Paar Unterhosen, 2904 Paar wollene Socken, 260 Paar Fußlappen, 330 Leibbinden, 60 Paar Pulswärmer, 9250 Zigarren, 100 Pfund Tabak und 3 Fass „gebrannte Wasser“. Notgedrungen griffen die Komitees zur Selbsthilfe: „Rechtbaldige weitere Gaben sind umso erwünschter, als es sich einige Herren des Hülfs-Vereins zur Aufgabe machen werden, Anfangs nächster Woche dieselben direkte ins Lager zu schaffen – um sie vorzugsweise den bei Straßburg stehenden Truppen abzuliefern.“[7] Des Weiteren wirkten sie auf die zuständigen Militärbehörden ein, Sonderzüge für ihre Waren bereitzustellen – sie versuchten also, sich eine weitere Novität dieses Krieges nutzbar zu machen, wurden doch erstmals in größerem Umfang Truppen und Versorgungsgüter mit der Eisenbahn zu den Einsatzorten transportiert. Allerdings konnten die hochgesteckten Erwartungen von Spendern wie Empfängern hinsichtlich der Zuverlässigkeit und Schnelligkeit des neuen Transportmittels nur unzureichend befriedigt werden, wie eine lakonische Mitteilung der Braunschweiger Tischlersfrau vom 11. September 1870 verrät: „Der erste Zug ist gar nicht angekom[m]en und der zweite Zug[,] der hier am 4ten abgegangen ist[,] der liegt jetzt noch in Hannover.“

Besonders auf die verschickten Lebensmittel wirkten sich die Verzögerungen nachteilig aus, weil viele nur noch in verdorbenem Zustand bei den Wartenden eintrafen. Die Angehörigen in der Heimat bestückten daher ihre Liebesgabenpakete zunehmend mit Konserven; besonders beliebt waren neben diversen Sauergemüsen das Fleischextrakt der Compagnie Liebig, aber auch Kaffee oder Kondensmilch. Der Dosenversand beschränkte sich vorwiegend auf die besser gestellten Kreise des Bürgertums, da Konserven zum damaligen Zeitpunkt nicht nur sehr teuer, sondern als neues Verpackungsmedium breiteren Bevölkerungsschichten noch wenig vertraut waren. Insofern erhielten vor allem die ohnehin materiell besser gestellten Bürgersöhne und Offiziere derartige Lebensmittel, was die real existierende Zweiklassen-Gesellschaft der Kämpfenden weiter zementieren half. Weit wesentlicher hinsichtlich des letzteren Aspekts dürfte indes das ungerechte Prozedere bei der Verteilung der offiziellen Hilfskomitee-Liebesgaben gewesen sein. Die Mannschaften mussten nämlich mit dem Wenigen vorliebnehmen, das man ihnen zuteilte, wie der Tischler seiner Frau mehrfach, so auch am 2. November 1870, resigniert berichtete: „Ich habe ein Hemd und einige Cigarren bekommen[,] weiter habe ich davon nichts erhalten[,] den[n] es geht erst durch zuviel Hände[,] ehe an uns die Reihe kömmt."

Der Quantensprung: Liebesgaben im Ersten Weltkrieg

Aufgrund des Schlieffenplanes[8] von Anfang an als europäischer Waffengang angelegt, sprengte der Krieg, dessen Beginn am 1. August 1914 zumindest vom städtischen Bürgertum euphorisch begrüßt worden war, bald alle Dimensionen menschlicher Vorstellungskraft – eine Erfahrung, die in der Begriffsprägung „Weltkrieg", welche sich bereits gegen Ende des ersten Kriegsjahres einbürgerte, ihren beredt-hilflosen Ausdruck fand. Die „Modernität" dieses Krieges bezog sich aber nicht nur auf seine menschenverschlingenden, materiellen und technischen Größenordnungen, sondern ebenso auf seine propagandistische „Ver-

Propaganda im Ersten Weltkrieg

Trotz vieler Organisationsschwierigkeiten ergoss sich von Kriegsbeginn an ein ungeheurer Strom von Propagandamaterialien über die Deutschen: Dabei wurde etwa England in der Person John Bulls als raffgieriger Unterdrücker oder Frankreich in Gestalt der Marianne als rachitisches „Luder" verunglimpft. Bei der Eigendarstellung agierte Wilhelm II. als ernst-fürsorglicher Staatslenker, an seiner Seite als „unser Herkules" Paul von Hindenburg. Etwa ab 1916 drängte sich die Kriegsanleihe-Propaganda in den Vordergrund, da der Krieg zu rund 60 Prozent über die Anleihen finanziert werden musste.

Kriegsgemäßes Straßenmöbel: Briefkasten als Sammelstelle für Liebesgaben auf einer Straße in Dortmund 1915.

mittlung“. Betroffen von der medialen Entwicklung zur modernen Kommunikationsgesellschaft waren natürlich auch diejenigen Initiativen und Organisationen, die mit einem „humanen“ Anliegen die Aufmerksamkeit der Bevölkerung erregen wollten. Folgerichtig eta-

Servicedienste in Kriegszeiten: Foto von einem „Haussammeldienst" für Liebesgaben in Wien 1915. Diese Sammeldienste gab es natürlich auch im Deutschen Reich.

blierte etwa in Berlin das „Zentral-Depot für Liebesgaben" als oberste Koordinationsstelle des Roten Kreuzes eine eigene Werbeabteilung, die Public Relations-Arbeit im modernen Sinne betrieb. Doch war dies nur eines unter vielen „Bureaus", das sich propagandistisch betätigte.

Allerorten veranstaltete man Wohltätigkeitskonzerte, bepflasterte die Anschlagstellen mit großformatigen Spendenaufrufen und nötigte mit Flugblättern die Straßenpassanten zur milden Gabe. Hunderttausende von Wohlfahrts-Postkarten warben mit den neuen Helden, U-Boot-Kommandant Weddigen, Flieger-As Immelmann und natürlich Paul von Hindenburg, dem „Sieger von Tannenberg". Auf anderen forderten Kinder in Feldgrau – der „Modefarbe der Saison", wie ein zeitgenössischer Beobachter sarkastisch anmerkte – zur Spende auf, und wieder andere animierten zu ihrem Kauf mit dem Hinweis, aus dem Erlös würden „Liebesgaben-Cigarren" an die Front geschickt. Neue Straßenmöbel erschienen auf den Bürgersteigen, indem man Liebesgaben-Briefkästen, die zum Einwurf von Gabenpäckchen oder Geldbriefen ermunterten, in Form kleiner Schilderhäuschen aufstellte.

Damit nicht genug: Am 25. November 1914 veranstaltete der „Nationale Frauendienst“[9], der während des Krieges zusammen mit dem „Vaterländischen Frauenverein“[10] – einer Unterorganisation des Roten Kreuzes – praktisch die gesamte Last der Zivilmobilmachung schultern sollte, einen reichsweit durchgeführten „Liebesgabentag“, an dem Schüler höherer Gymnasialklassen von Haus zu Haus pilgerten und Geldspenden sammelten. Dass daneben das „alte“ Medium Zeitung keineswegs ausgedient hatte, sondern permanent mit einer unübersehbaren Zahl von Aufrufen, Bekanntmachungen, Tätigkeitsberichten und speziellen Reportagen rund um die Liebesgabe gefüttert wurde, versteht sich von selbst.

Eine Vorreiterrolle in der bald flächendeckenden Ausstattung mit Sammelstellen für Liebesgaben nahmen die verschiedenen Wohlfahrtsverbände[11] ein. Insbesondere traf dies auf das Rote Kreuz zu, das strukturell wie personell für die neue Aufgabe von allen infrage kommenden Institutionen am besten gerüstet war. Dies zeigte sich sogleich nach Kriegsbeginn, als überall auf den Bahnhöfen Rot-Kreuz-Schwestern, unterstützt von Helferinnen der örtlichen Frauenvereine, kleine Liebesgabenstände aufbauten, um den Soldaten in den Truppenzügen ein paar Erfrischungen zu offerieren. Der sogenannte Bahnhofsdienst sollte auch im Zweiten Weltkrieg – anders als dann die Liebesgabe an die Front – eine herausragende Rolle für die Aufrechterhaltung der Moral spielen, konkretisierte sich doch in diesen Face-to-face-Situationen das identitätsstiftende „Band“ zwischen Heimat und Front für einen Moment ganz praktisch und unmittelbar. Genau diesen Aspekt beförderte später die Nazipropaganda, indem sie den neutralen Begriff „Bahnhofsdienst“ durch den emotional ansprechenderen „Labedienst“ ersetzte.

Anders als noch im Deutsch-Französischen Krieg richtete auch das Militär eigene Sammelstellen ein. In Kiel etablierte sich eine „Zentralstelle für Angelegenheiten freiwilliger Gaben an die Kaiserliche Marine“, die ein Sammelstellen-Imperium in Marinestützpunkten bzw. küstennahen Städten aufzog, aber auch im Hinterland mit eigenen Vertretungen präsent war. Zusätzlich entfaltete sie eine Reihe äußerst publicitywirksamer Aktivitäten, die virtuos mit dem Renommee spielten, welches die Marine traditionell in der deutschen Öffentlichkeit genoss: So verehrte sie den Matrosen, die an der Skagerrak-Schlacht am 31. Mai 1916 beteiligt gewesen waren, als Liebesgabe fein ziselierte Taschenuhren mit einer entsprechenden Erinnerungsgravur, worüber die Presse in epischer Breite berichtete, da man auf deutscher Seite das militärische Patt zur See natürlich als Sieg verbuchte. Oder man rief zum 1. Oktober 1916 einen „Opfertag für die Kaiserliche Marine“ aus, der die erkleckliche Summe von fünf Millionen Mark in die Liebesgabenkasse spülte.

Und auch die vielerorts existierenden Veteranenverbände der Marine unterstützten die Liebesgabenanstrengungen für die „Blauen Jungs“ nach Kräften. In Berlin konstituierte sich etwa ein „Liebesgaben-Ausschuss für U-Boote“, der mit diversen Aufrufen energisch Geschenke für die „bislang wenig bedachten Mannschaften“ der Tauchschiffe einforderte. Geschickt machte er sich dabei die allgemein vorherrschende U-Boot-Euphorie zunutze – galt doch das unsichtbar operierende, wie aus dem Nichts tödlich agierende Unterwasserfahrzeug gemeinhin als deutsche Wunderwaffe. Natürlich forcierten auch die Vertreter anderer Waffengattungen ihre Bemühungen, wie das Beispiel der von den Berliner Garde-Einheiten gemeinsam errichteten Annahmestelle demonstriert, welche in regelmäßigen Abständen unter der Parole „Gedenket der Garde“ die Öffentlichkeit zur Mildtätigkeit mahnte.

Neben den kontinuierlich arbeitenden Sammelstellen, zu denen noch die entsprechenden Einrichtungen der Privatwirtschaft für ihre eingezogenen Belegschaftsmitglieder zu zählen wären, wurden aber auch – da man bis 1916 auf ein schnelles Kriegsende hoffte – viele zeitlich befristete Liebesgabensammlungen ins Leben gerufen. Nach der Vertreibung der russischen Invasoren aus der Provinz Ostpreußen bildete z. B. ein Rechtsanwalt im masurischen Allenstein im Herbst 1915 einen Ausschuss, der eine „vom Kriegsministerium zu Berlin genehmigte Mahnrufspende“ ins Leben rief, um aus deren Erlös das in der Provinz stationierte XX. Armeekorps mit Liebesgabenpaketen beim anstehenden Weihnachtsfest zu beglücken. „Die Ostmark“, so die überallhin ins Reich verschickte Werbeschrift, sei, da von den russischen „Schändern und Dieben“ verwüstet, „nicht imstande, soviel an Liebesgaben den eigenen Grenztruppen zu spenden, wie dieses erforderlich ist“. Der Rechtsanwalt wollte ein Zeichen setzen: Zwar wurde der Sieg im Osten von der Presse gebührend gefeiert – die ihn errungen hatten, gerieten aber angesichts des immer grausameren Geschehens an der Westfront unversehens ins mediale Abseits. Einen ganz anderen Hintergrund hatte hingegen die „Reichsdeutschenhilfe“, die der im tschechischen Brünn residierende Kaiserlich Deutsche Generalkonsul zusammen mit einigen Honoratioren im September 1916 initiierte: Mit ihrer Hilfe sollten die „reichsdeutschen Frauen“, deren Männer an der Front standen, unterstützt werden, da sie „besonders vereinsamt, getrennt von ihren Eltern und Geschwistern, hier in Österreich mit ihren Kindern leben“.

Wo soviel patriotische Hilfsbereitschaft ihr helles Licht erstrahlen ließ, fiel selbstredend auch ein breiter Schatten: Weil kaum nachzuprüfen war, ob die gerade von Privatleuten ersammelten Gelder oder Materialspenden tatsächlich den avisierten Zwecken zugeführt wurden, luden die Liebesgabengeschäfte zwielichtige Gestalten nachgerade zum Betrug ein: Mit einem Rundschreiben vom 13. Dezember 1915 an die Schuldirektoren der Stadt warnte z. B. der Berliner Magistrat vor einem „Herrn in Zivil“, der unangemeldet in einer Unterrichtsanstalt aufgetaucht sei und darum gebeten habe, in der Schule „eine Sammlung von Liebesgaben für ein in Serbien kämpfendes märkisches Regiment veranstalten zu dürfen“. Nachdem die Erlaubnis erteilt worden war, keimte beim Schulleiter aber schnell der begründete Verdacht, dass es sich „um einen Schwindel handle, da der Bittsteller weder seinen eigenen noch den Namen des Regiments angab, für welches die Sammlung bestimmt sei“. Er informierte umgehend die Schulbehörde. In seinem Rundschreiben suchte nun der Magistrat in Erfahrung zu bringen, ob der anonyme Bittsteller auch an anderen Lehranstalten aufgetreten sei und wenn ja, „ob und wann und an wen eventuell die gesammelten Liebesgaben abgeführt worden“ seien.

Der geschilderte Betrugsversuch war nur einer unter vielen, wie entsprechende Zeitungsnotizen aus allen Gegenden des Reiches dokumentieren. In den ersten Kriegsmonaten, als Geld und Gaben noch reichlich flossen, erreichte insbesondere die Affäre um den „Krieger-Weihnachtsdank“ des Berliner Seifenfabrikanten Rudolf Herrmann einen hohen Aufmerksamkeitswert: In einer einmaligen Goodwill-Aktion wollte der Unternehmer weniger bemittelte Berliner Landsturmmänner zum Christfest 1914 mit einem Liebesgabenpaket unterstützen.

Aufgrund des überaus positiven Echos – insgesamt konnten 4000 Pakete verschickt werden – ergab sich schnell die Notwendigkeit einer Weiterführung des „Krieger-Danks“, aber auch einer damit verbundenen organisatorischen Professionalisierung, wofür eigens ein Geschäftsführer eingestellt wurde. Kaum war das Weihnachtsgeschäft im Folgejahr abgewickelt, nahm die Polizei diesen in Gewahrsam, da gegen ihn eine anonyme Anzeige wegen Unterschlagung erstattet worden war. Der umtriebige Mann hatte in Schweizer Zeitungen Inserate aufgegeben, die sich vor allem an die in der Eidgenossenschaft lebenden Deutschen richteten und in denen um 6-Mark-Spenden[12] für jeweils ein Liebesgabenpaket gebeten wurde. Bei seiner Vernehmung stellte sich heraus, dass er von jeder einlaufenden Spende pauschal eine Mark für „Spesen“ abgezogen hatte, zudem einen nicht mehr zu ermittelnden Betrag für diverse „Unkosten“, die, wie sein Gehalt, natürlich bereits von dem Seifenfabrikanten getragen wurden. Immerhin hatte er tatsächlich ein paar Pakete verschicken lassen, wobei allerdings im Dunkeln blieb, ob jedes tatsächlich Waren im Wert von sechs Mark enthalten hatte. Mit dem Rest des Geldes, so das Polizeiprotokoll, habe der Geschäftsführer „seinen und seiner Frau aufwendigen Lebensunterhalt“ bestritten. Das Deutsche Generalkonsulat in Zürich wurde schließlich angewiesen, einen Warnhinweis in den Schweizer Zeitungen zu platzieren. Die Reputation des „Krieger-Weihnachtsdanks“ war indes für immer passé.

Das Liebesgaben-Geschäft als ABM-Maßnahme

Im Februar 1915 erschien in der Leipziger *Illustrirten Zeitung* eine Anzeige, worin die Weinbrand-Firma Asbach darauf hinwies, dass der „Versand von Liebesgaben von großer volkswirtschaftlicher Bedeutung" sei. War der Wink mit dem Zaunpfahl hier von dem durchsichtigen Gedanken motiviert, dem Verbraucher den Kauf des „Uralt" als vaterländische Tat zu suggerieren, sollte er sich in einem ganz anderen Kontext als vorausschauende Erkenntnis herausstellen. Die mit der Liebesgabensammlung verbundenen Tätigkeiten entpuppten sich nämlich als reichsweite Arbeitsbeschaffungsmaßnahme für Frauen: Diese hielten nicht nur als Schaffnerin in der Straßenbahn oder als Granatendreherin in der Munitionsfabrik die Volkswirtschaft am Laufen, sondern ebenso den gesamten Bereich der zivilen Kriegshilfe, mithin also auch das Liebesgabengeschäft. Um eine Vorstellung davon zu vermitteln, welche Potenziale sich hier rein rechnerisch über ihre Mobilisierung gewinnen ließen, sei aus einem Aufruf der Bundesvorsitzenden des Vaterländischen Frauenvereins, Charlotte Gräfin von Itzenplitz, vom 12. Oktober 1914 zitiert:

> 700 000 Mitglieder zählt der Vaterländische Frauenverein. Jedes von ihnen möge in den nächsten fünf Wochen in jeder Woche eine Gabe für einen Streiter fertig stellen, dann haben wir im Anfang des Weihnachtsmonats rund 3,5 Millionen Gaben der Liebe bereit.

Gräfin von Itzenplitz' kühne Unternehmung, die von ihren Frauen tatsächlich realisiert werden konnte, stellte aber nur einen Bruchteil der Paketmenge dar, die zu Weihnachten 1914 in Schützengräben wie Etappenstellungen gelangte. Den offiziellen Paketversand der Sammelstellen berührte die einmalige Kraftanstrengung des Frauenvereins nämlich überhaupt nicht.

Die Arbeit dort beschränkte sich keineswegs nur auf das Sammeln und Registrieren, auf das Verpacken und Versenden der Waren, sondern umfasste darüber hinaus vielerlei andere Tätigkeiten: Als wichtigste Unterabteilungen solcher Sammelstellen eröffneten die Frauen überall Nähstuben, wo bald im Mehrschichtsystem Bettwäscheausstattungen für Lazarette, Kleidungsstücke für Soldaten oder Kindergarderoben für Bedürftige angefertigt wurden. Allein in der kleinen Stadt Witten an der Ruhr wirkten in sieben Nähstuben schließlich rund 300 bis 400 Frauen, um den steigenden Bedarf befriedigen zu können. In den Stuben wurden auch die „Retour-Gaben“ von der Front entgegengenommen, was keine rechte Freude aufkommen ließ, wie ein Stoßseufzer vermuten lässt, der im Mai 1916 in einem Bericht der Sammelstelle für Liebesgaben des Roten Kreuzes in Naumburg an der Saale ausgestoßen wurde: „Es ist nicht zu sagen, in welch trostlosem Zustand die Strümpfe ankamen. Zunächst wurden sie desinfiziert, dann gewaschen, hierauf der Fuß oder nur der Hacken an- oder eingestrickt oder gestopft. So wanderten sie neu hergerichtet wieder ins Feld.“

Als ab 1916 die Nähstuben dann mit Heeresaufträgen überhäuft wurden – ein Indiz für den um sich greifenden Männermangel –, kamen die zunächst von ehrenamtlicher Arbeit lebenden Einrichtungen nicht mehr umhin, vermehrt Lohnempfängerinnen zu beschäftigen: In der Braunschweiger Sammelstelle des Roten Kreuzes z. B. arbeiteten schließlich neun fest besoldete Näherinnen und Schneiderinnen, zudem eine Korrespondentin, eine Buchführerin, zwei Reinemachfrauen und eine Wirtschafterin. Nach einer hier erhobenen Statistik von 1916 beanspruchten die Lohnkosten schließlich den weitaus größten Etatposten an den Geldern, die der Sammelstelle zur Verfügung standen.

Liebesgaben-Transporte

Neben der regulären Feldpost, welche die privaten Päckchen und Pakete an die Soldaten im Feld besorgte, und den Eisenbahnwaggons, mit denen die offiziellen Liebesgaben der Sammelstellen von Armee und Wohlfahrtsverbänden befördert wurden, gab es noch eine dritte Transportvariante. Für uns heute kaum mehr vorstellbar, stellten damals Privatleute eigene Kraftfahrzeug-Konvois zusammen, um die vor Ort ersammelte Liebesgaben-Fracht höchstpersönlich bis an die Schützengräben zu befördern, mitten durch „Feindesland", ungeachtet aller technischen Schwierigkeiten und von der Heeresführung mehr notgedrungen geduldet als willkommen geheißen. Über ihre „Expeditionen" fertigten die zivilen Transporteure Erlebnisberichte an, die den daheimgebliebenen Spendern als eine Art Arbeitsnachweis über die erbrachte Dienstleistung dienten. Den Soldaten hingegen führten die persönlich überbrachten Liebesgaben konkret vor Augen, dass man in der Heimat keinen Aufwand scheute, um die Verbindung bis zum Äußersten aufrechtzuerhalten, wozu selbst der Einsatz des eigenen Lebens gehörte. Letzteres ist keineswegs als verstiegene Melodramatik zu verstehen, sondern besaß einen durchaus realen Hintergrund: Liebesgaben zählten als Kriegs-Konterbande, d.h., die Transporte konnten vom Feind beschossen und die Begleitpersonen gefangen genommen und schlimmstenfalls sogar exekutiert werden.

Das Vorbild für solche Fahrten lieferte auch in diesem Fall der Deutsch-Französische Krieg, als sich bei den Belagerungstruppen „zernierter" Festungen wie Metz Zivilpersonen ein Stelldichein gegeben hatten. Ein paar Geschenke verteilend, hatten sich damals die von den Soldaten als „Liebesritter" bespöttelten Schlachtenbummler ein Bild

Kriegs„gründe"

Seit etwa 1900 trieb die Politik vor allem Deutschlands, Österreich-Ungarns und Russlands auf einen Krieg zu: Das Zarenreich als traditioneller Protektor aller Slawen geriet zunehmend mit der Donaumonarchie in Konflikt, die sich auf einen Vertrag mit Deutschland stützte, der bei einem russischen Angriff Unterstützung versprach. Das Kaiserreich selbst versuchte seit geraumer Zeit eine Hegemonialrolle in Europa zu erreichen, was zu einer Annäherung Russlands, Frankreichs und Englands führte. Als am 28. Juni 1914 ein Serbe das österreichische Thron-folgerpaar ermordete, löste dies in einer Kettenreaktion die gegenseitigen Kriegserklärungen aus.

von Lage und Moral gemacht, um dann an den Stammtischen daheim mit ihren „Kriegserlebnissen" zu prahlen. Auch in den Broschüren aus dem Ersten Weltkrieg findet sich dieser touristische Aspekt in epischer Breite wieder, selbst wenn die Verfasser ihr ehrliches Erschrecken über die ungeahnte Grausamkeit und die fatale Zerstörungskraft des Krieges artikulierten.

Als prototypischer Vertreter der neuen „Literaturgattung" sei hier aus der Fülle der publizierten Erfahrungen[13] ein Bericht des Liebesgabenausschusses der Stadt Euskirchen[14] herausgegriffen: Unter großer Anteilnahme der Bevölkerung brachen am 1. Oktober 1914 „drei schwerbeladene Autos" mit ihrer Liebeslast von der rheinländischen Kleinstadt auf. Über Luxemburg ging die Fahrt nach Frankreich hinein, wo die Transporteure schon bald mit der grausamen Konsequenz eines jeden Krieges konfrontiert wurden: „Tief erschüttert stehen wir an dem Grabhügel und widmen den Toten ein wehmütiges Gedenken und ein stummes Gebet." Als nach mancherlei Missgeschicken wie Reifenpannen, Umwegen und Quartierproblemen

Wie sich unsere Truppen im Schützengraben über die Liebesgaben freuen.

Wie die Heimat sich die Ankunft der Liebesgaben an der Front vorstellte: Feldpostkarte, gelaufen Januar 1915.

das Ziel erreicht wurde, wichen die hochfahrenden Erwartungen, die man sich in der Heimat hinsichtlich des eigenen Fronterlebnisses gemacht hatte, schnell der rauen Wirklichkeit: Statt die Liebesgaben wie erstrebt den Kämpfern direkt in der Feuerlinie überreichen zu können, musste man sich mit dem Abladen in der rückwärtigen Etappenstellung begnügen – im Granatenhagel wollte dann doch niemand sein Leben riskieren. Über die erste „Enttäuschung" half aber sogleich die Begeisterung der Soldaten hinweg: „Und nun stürmt es heran, voran ein Euskirchener namens Winterscheid im schwarzen Vollbart, und noch viele andere Landsleute, die wir nicht alle aufzählen können." Die Freude der Beschenkten stellte eine gleichsam immaterielle Rückfracht dar, würde doch die Übermittlung des Gefühlsschwalls für die Spender daheim sozusagen der einzige, aber sehnlichst erwartete „Lohn" bleiben.

Die Ausmaße, die dieser Liebesgaben-Tourismus vor allem in den ersten Kriegsmonaten annahm, lassen sich nur erahnen – die Euskirchener trafen nämlich allerorten auf Transporte wie den ihren, wobei die Naivität, mit der da teilweise zu Werke gegangen wurde, auch heute noch überrascht: „Die Herren wissen nicht einmal, ob sie noch auf deutschem oder luxemburgischen Boden sind, wissen gar nichts davon, in welcher Gegend Frankreichs die Truppen liegen, zu denen sie wollen." Derartiger Dilettantismus dürfte auch der Grund gewesen sein, warum die Militärs Mitte 1915 die Privatfahrten ganz untersagten. Nicht nur eine dauerhafte Beschädigung der militärischen Ordnung wurde befürchtet, sondern die Transporte würden auch, wie in einer Bekanntmachung des Generalquartiermeisters bereits am 13. Oktober 1914 zu lesen war, „die Überwachung der feindlichen Spionage erschweren".

Paket-Wettstreit im Schützengraben

Als Konsequenz aus der unorganisierten Versorgung mit Liebesgaben während des Deutsch-Französischen Krieges versuchte man im Laufe des Weltkriegs eine zumindest verwaltungstechnisch befriedigende

Lösung zu finden. Dies demonstriert ein Erlass des „Militär-Inspekteurs der freiwilligen Krankenpflege“[15] vom 26. April 1915:

> Anforderungen auf Liebesgaben sind im allgemeinen alle zehn Tage an die Generalkommandos zu richten. Vordrucke liefert die Etappen-Inspektion. Auf diese Weise wird der Etappen-Delegierte über die Bedürfnisse der Truppe unterrichtet. Er gibt die Wunschzettel an den Depot-Delegierten zur Erledigung. Dieser schickt eine Ausfertigung der Wunschzettel mit Vermerk über Möglichkeit und Zeitpunkt der Lieferung an die Truppe zurück, die andere Ausfertigung bleibt bei dem Liebesgabendepot.

Was hier formuliert wurde, lässt einen wichtigen Aspekt der Liebesgabe, ihre implizite Freiwilligkeit von Spenderseite, in einem ganz anderen Licht erscheinen – als habe der Empfänger nämlich quasi einen rechtlichen Anspruch. Gleichwohl präsentierte die propagandistische Begleitmusik Liebesgaben sowohl der Bevölkerung zu Hause als auch den Soldaten an der Front stets als Opfer, das man sich freudig vom Munde abgespart habe.

Den Soldaten allerdings war sehr bewusst, dass das, was sie in die Waagschale werfen konnten, ihr kleines individuelles Leben, in der

Hungerjahre

Von Anfang an erwies sich die Lebensmittelversorgung während des Ersten Weltkriegs, u.a. wegen der Abhängigkeit von den Auslandsmärkten, als äußerst prekär. Im Februar 1915 führte Berlin als erste Kommune die Brotkarte ein, schnell folgten weitere Rationierungen und bald dominierten Ersatzstoffe die tägliche Nahrung. Der Winter 1916/17, in dem nurmehr Kohl- bzw. Steckrüben als Kartoffelersatz ausgegeben werden durften, ging schließlich als „Steckrübenwinter“ in die Geschichte ein. 1917 wurden, wie in der Heimat schon lange üblich, auch an der Front „fleischfreie Tage“ zur Regel.

Heimat einen symbolisch aufgeladenen, mythisch überhöhten Wert besaß. Es nimmt daher nicht Wunder, dass mit dem auf Millionen von Postkarten festgehaltenen „Ruf aus dem Schützengraben" – einer Sprachfigur, derer sich die kommerzielle Produktreklame fast inflationär bediente –, meist unterschwellig, oft auch in überraschender Offenheit, eine Liebesgaben-Bringschuld seitens der Heimat eingefordert wurde. Ohnehin war der Erwartungshorizont der Soldaten kaum zu befriedigen, schienen die Krieger doch zu glauben, die Heimat verfüge über schier unerschöpfliche Materialquellen.

In entlarvender Deutlichkeit führt dies eine Auflistung vor, die vom Zentral-Depot des Roten Kreuzes noch im Juli 1917 angefertigt wurde, als die Bevölkerung schon lange unter Versorgungsengpässen zu leiden hatte: Neben den obligatorischen Forderungen nach Ess- und Rauchwaren sowie Bekleidungsstücken aller Art waren da „vornehmlich erwünscht Zahnbürsten, Zahnpulver, Taschenspiegel, Kleiderbürsten, Brustbeutel, Geldtäschchen, Notizbücher, Briefpapier, Brieftaschen, Taschenfeuerzeuge, elektrische Lampen, Ersatzbatterien, Taschenmesser, Eßbestecke, Löffel, Büchsenöffner, Musikinstrumente, Nähkästchen, kurze und lange Tabakspfeifen, Kartenspiele, Zigarrentaschen, Unterhaltungsspiele, Kämme, Taschenuhren", aber auch „leichte, unverfälschte Landweine". Die Liste, hier nur auszugsweise wiedergegeben, deckt sich in verblüffender Weise mit anderen Wunschzetteln, die seit Kriegsbeginn unter den Liebesgabeneinsammlern zirkulierten. Abgesehen von der selbstverständlichen Chuzpe, mit der hier Gaben eingefordert wurden – nach einem Bericht der Braunschweiger Sammelstelle des Roten Kreuzes wünschten die Soldaten selbst Ziehharmonikas, Fahrräder, Fußbälle, Zugposaunen oder Nähmaschinen –, lässt das Spektrum der gelisteten Waren vor allem aber einen erschreckenden Zustand des tatsächlichen Ausrüstungsstandes erahnen, wenn mit Stiefelbürsten, Essbestecken oder Büchsenöffnern Gebrauchsgegenstände auftauchen, die eigentlich in die Beschaffungspflicht der staatlichen Rüstungsämter fielen.

Zudem wollte die Auswahl der zu verschickenden Liebesgaben von den Spendern wohlüberlegt sein, musste doch das in den Paketen offerierte Warensortiment vor der kritischen Inaugenscheinnahme der Kameraden bestehen können: In den Schützengräben des großen Krieges fochten nämlich auch die Liebesgaben eine Art qualitativen Kleinkrieg miteinander aus. Um in der Auswahl keinen Fauxpas zu begehen, erweiterten die Spender daher den Begleitzettel, mit dem die Beschenkten den Erhalt der Pakete zu quittieren hatten, zur Wunschliste, wie ein Protokoll des Liebesgabenausschusses der Berliner „Physicalisch-technischen Reichsanstalt“[16] von Ende 1914 festhielt: „Um die Auswahl möglichst den Bedürfnissen der Empfänger anzupassen, wurde auf der Empfängnisbestätigungskarte die Bitte nach Angabe etwaiger Wünsche ausgesprochen.“ Nach einem Bericht des Ausschusses vom Januar 1916 enthielt ein solches, die Wünsche der im Felde stehenden Kollegen berücksichtigendes Paket folgende Nahrungs- und Genussmittel: „10 Zigarren, 1/2 Pfd. Schokolade, 1/2 Pfd. Keks, 1/2 Pfd. Speck oder Dauerwurst; als Brotaufstrich 1/2 Pfd. Schmalz oder Butter, 1/2 Pfd. Marmelade oder Kunsthonig; Büchsen mit Sardinen oder Heringen, Käse und Backpflaumen.“

Die Pakete zu Weihnachten reicherte man zudem um Pfefferkuchen, Dresdner Stollen oder „1 Büchse Schinken in Burgunder“ an, des Weiteren um „1 Spiel (umfassend Domino, Schach, Mühle)“ und um „je 2 Bücher einer billigen Ausgabe“ und fügte noch „Weihnachtskarte und Tannenreis“ hinzu. Damit derart bestückte Liebesgabenpakete, die in Abständen von drei bis vier Wochen regelmäßig verschickt wurden, überhaupt finanziert werden konnten, ersann der Ausschuss eine Art Steuersystem, wonach jeder in der Heimat verbliebene Bedienstete einen wöchentlichen Betrag zu entrichten hatte, der sich an der Höhe seines Einkommens orientierte.

Der Aspekt des „Paket-Wettstreits“ betraf indes besonders die großen Industrieunternehmen, die im Rahmen der allgemeinen Betriebsfürsorge ihre „Firmenkrieger“ mit Liebesgaben versorgten. Mittels der Pakete ließ sich nämlich trefflich Imagewerbung treiben: Nicht nur die Pakete selbst förderten den guten Ruf, sondern auch die darin stets mitgeschickten Firmenprodukte, wie die Briefzeilen eines auf dem „westlichen Kriegsschauplatz“ eingesetzten Gefreiten im Ok-

„Lauter kleine weiße appetitliche Christkindspäckle": Foto der Liebesgaben-Packstube der Firma Heinrich Franck & Söhne zu Weihnachten 1915.

tober 1915 an seine Firma, den Ludwigsburger Zichorienkaffee-Produzenten Heinrich Franck & Söhne, unschwer verraten: „Den Empfang der beiden Pakete Kornfranck habe ich Ihnen bereits bestätigt. Der Kaffee schmeckt wirklich ausgezeichnet und ist auch bei der herrschenden kalten Witterung bei den Kameraden eine sehr willkommene Zubuße zur Menage."

Auf den Hintersinn der Paketverschickung als Public Relations-Maßnahme bezogen, erwiesen sich so Produkt wie Empfänger als ideale Werbeträger: Über die Präsentation der Wohltaten ließen sich gerade in der Unausweichlichkeit des Schützengrabenlebens zukünftige Kunden gewinnen, da der Beschenkte sich schon aus Gründen der Identifikation gerne als großzügiger „Vertreter" seines Unternehmens betätigte. Dies betraf in erster Linie natürlich Firmen der Lebens-

Im Schützengraben
ist eine Manoli-Zigarette der herrlichste Genuß. Sendet
den Truppen Manoli-Feldpostbriefe, dauerhaft verpackt und versandbereit. Zu haben in 20, 50 und
100 Stück Verpackung in allen Zigarrengeschäften

Stets verziert mit schwarz-weiß-roter Schleife: Anzeige der Zigarettenfabrik Manoli für ihren Feldpostbrief von 1914.

mittelindustrie, aber auch andere, deren Produkte weniger für den Endverbraucher bestimmt waren, mühten sich, mit kleinen Aufmerksamkeiten, einem ledernen Notizblock oder einem schönen Tabaksbeutel mit eingeprägtem Firmenemblem, „Eindruck zu schinden".

Die Verteilungskriterien für Liebesgaben in der Heimat

Zumindest in den ersten Monaten des Krieges galten die alten Prestige-Hierarchien des Militärs aus der Friedenszeit auch für den Liebesgabenversand weiter. In der Praxis war es entsprechend um die Zuteilung an Garde-Regimenter und andere Truppenteile, die in der militärversessenen Gesellschaft des Kaiserreiches großes Prestige genossen, erstklassig bestellt. Die Landsturm-Einheiten hingegen, die nach und nach aus Reservisten und einberufenen Wehrpflichtigen aufgestellt wurden, rangierten zunächst am unteren Ende der Skala, was sich anfänglich auch in ihrer mangelhaften Liebesgabenversorgung niederschlug.

In Berlin, wo viele Garde-Regimenter stationiert waren, lässt sich diese Beobachtung besonders anschaulich verifizieren: So beschloss der Magistrat im November 1914, „zur Anschaffung und Verteilung von Liebesgaben für das Weihnachtsfest den Betrag von 125 000 Mark zu bewilligen. Zu Gute kommen sollen diese Gaben nur den uns besonders nahestehenden Truppen, nämlich den in Berlin garnisonierenden Regimentern der Garde und des Garde-Reservekorps. Demgemäß soll ein Betrag von 100 000 Mark einem Comité überwiesen werden, welches sich die Sammlung von Weihnachts-Liebesgaben für die Garde zur Aufgabe gemacht hat und dem auch der unterzeichnende Oberbürgermeister angehört. Der weitere Betrag mit 25 000 Mark soll dem ‚Nationalen Frauendienst' für eine von ihm zu veranstaltende Sammlung überwiesen werden".

Die Bezuschussung an die Frauen erfolgte nur, weil diese zuvor eine dringliche Eingabe mit der Bitte an den Magistrat gerichtet hatten, 150 000 Mark für eine einmalige Weihnachtspaket-Aktion zu bewilligen, mit der „Wehrmänner" bedacht werden sollten, „deren Familien hier Kriegsunterstützung bekommen". Ein völliges Ignorieren der Eingabe wäre, soviel war der Stadtregierung bewusst, ihrem öffentlichen Ansehen äußerst abträglich gewesen. Bei den zu Beschenkenden handelte es sich immerhin um eine Gruppe von rund 50 000 Soldaten, für die man Standardpakete in mehreren Varianten zusammenstellen wollte, unter denen dann die Ehefrauen der Krieger eines auswählen durften. Um der Aktion einen persönlicheren Anstrich zu verleihen, was den immer wieder vorgetragenen Wünschen aller Soldaten nach Zusendung einer individuellen Liebesgabe Rechnung tragen sollte, konnten die Frauen „ihrem" Paket einen kleinen selbstgebastelten Gegenstand hinzufügen. Strategisch geschickt bot der Frauendienst dem Magistrat zudem an, „die Sendungen als Geschenk der Stadt Berlin durch eine eingelegte Karte" zu deklarieren. So in die Pflicht genommen, stockten die Stadtoberen den ursprünglich bewilligten Betrag für die Frauen zwar um weitere 25 000 Mark auf, milderten damit aber nur das nach wie vor bestehende Ungleichgewicht ein wenig zu Gunsten der „Wehrmänner".

Der geschilderte Fall stellte keineswegs eine Ausnahme dar. Noch im Mai 1915, als für alle längst offensichtlich war, dass die Hauptlast des Schützengrabenkrieges von den Landsturmmännern getragen wurde, sah sich das Zentral-Depot des Roten Kreuzes bemüßigt, mit einem Sonderappell an die Öffentlichkeit zu treten: „Wer denkt aber an all die anderen tapferen Männer, die in die neu gebildeten Landwehr- und Landsturmbataillone eingereiht worden sind? Fast alle sind Familienväter, aber nicht jede Familie ist in dieser Zeit in der Lage, eine Liebesgabe ins Feld zu senden. Helft Ihr, die Ihr besser daran seid!"

Neben den Reservisten waren von der unbefriedigenden Liebesgabenausstattung oft auch selbstständig operierende Heeresabteilungen betroffen, da diese vorwiegend aus Kommandierten bestanden, die von verschiedenen Truppenteilen und Waffengattungen zu einer solchen Einheit versetzt wurden, oder nach allgemeinem Verständnis innerhalb der Militärmaschinerie eher an der Peripherie operierten, etwa Eisenbahn-, Telegraphen-, Kraftfahrer- oder Luftschiffer-Abteilungen. Für die Soldaten dieser Formationen fühlte sich niemand zuständig, weder die Städte, die in erster Linie „ihre" in der Friedenszeit dort garnisonierenden Regimenter, in zweiter die aus der Stadt und dem Umland eingezogenen Wehrpflichtigen versorgten, noch die heereseigenen Liebesgaben-Sammelstellen, da dort sozusagen nach der Stammrolle verteilt wurde. Abkommandierte Soldaten waren da schlicht nicht mehr gelistet.

Was nicht ins Liebesgabenpäckchen soll

Das Instrumentarium der Erlasse gab dem Militär-Inspekteur bzw. seinem Stellvertreter und damit dem Roten Kreuz die Möglichkeit in die Hand, missliebige Waren öffentlich zu diskreditieren. Besonders empfindlich reagierte die Wohlfahrtsorganisation begreiflicherweise bei Arzneimitteln und Drogerieartikeln:

> Der Chef des Feldsanitätswesens macht darauf aufmerksam, daß von den für Liebesgaben geeigneten Gegenständen im Handel angebotene Heilmittel wie Magen-Tropfen, Wundsalbe, Fuß-Salbe, Schweißpuder, Natrontabletten, Rheumasan, Wybert-Tabletten, Hustenzucker, Amol, Wundpasta usw. von vornherein auszuschließen seien. Derartige Heilmittel sind sehr teuer, völlig wirkungslos und in ihrer Zusammensetzung nicht selten sogar schädlich.

Natürlich wollte man mit dieser Anfang 1916 ergangenen Verfügung, der diverse ähnlich lautende bereits vorausgegangen waren, auch die seit Kriegsbeginn mit Argwohn beobachteten Aktivitäten der kommerziellen Liebesgaben-Konkurrenz ausschalten. Die versprach nämlich, den Versand der mit ihren Produkten befüllten, fabrikmäßig fertig gepackten Feldpostpäckchen zu übernehmen, eine werbliche Innovation, die auf die Bequemlichkeit der Verbraucher zielte und großen Anklang fand, private Gabengelder aber in nicht unbeträchtlichem Maße an den Sammelstellen des Roten Kreuzes oder anderer karitativer Organisationen vorbeifließen ließ. Auch hinsichtlich des Versandes geistiger Getränke versuchte das Rote Kreuz über seinen Militär-Inspekteur steuernd einzugreifen:

> Zur Vermeidung von Mißverständnissen gebe ich bekannt, daß Rum- und Kognakspenden als Liebesgaben für die Feldtruppen nicht in Frage kommen, da von alkoholhaltigen Getränken nur Bier und Rotwein zugelassen sind.

Als flankierende Maßnahme zur Beförderung dieses Erlasses vom März 1915 ließ die Wohlfahrtsorganisation der Presse zeitgleich Artikel von Sachverständigen zukommen, wo dann, wie in dem eines Geheimen Sanitätsrats aus Berlin, um „Auswüchse zu beschneiden, Schlechtes durch Besseres zu ersetzen oder gar Schäden zu verhüten“, gleich noch gegen eine andere „Unsitte“, die Versendung von Alkoholkonzentraten zu Felde gezogen wurde:

Liebesgabenwerbung im Fotoatelier: Feldpostkarte der Breslauer Likörfabrik Carl Schirdewan, 1916.

> [Leider nützen auch selbst in dieser Zeit skrupellose Naturen die Lage zu Gunsten ihres Geldbeutels aus und entblöden sich nicht, minderwertige oder direkt schwindelhafte Fabrikate in den Handel zu bringen. Trotz aller Warnungen werden immer noch wertlose Liebesgaben unter der Bezeichnung als ‚Grogwürfel', als ‚Teepunsch-, Punsch-, Grog-Tabletten usw.' dem Publikume angeboten.]

Zweifelsohne stellten die Verfälschungen ein echtes Problem dar, da sie mehr oder minder in allen Produktbereichen anzutreffen waren: Bei Taschenfiltern zur Wasseraufbereitung überstanden die Keime den Reinigungsprozess unbeschadet und Präparate gegen die Läuseplage erwiesen sich als völlig wirkungslos. Anscheinend verschlossen die Verbraucher aber die Augen vor den in der Presse regelmäßig erscheinenden Warnungen und stürzten sich weiterhin auf diese Waren, darunter eben auch auf die kritisierten Alkoholpräparate, weil die sich – als Würfel oder in der Tube – für die lange Reise an die Front nun mal ideal eigneten. Für das Rote Kreuz ging es bei der Anprangerung des Alkoholversandes zwar auch um die Verfälschungen, letztlich aber um etwas anderes, was der Geheime Sanitätsrat seiner Leserschaft keineswegs vorenthalten hatte: „Sowohl das preußische Kriegsministerium wie eine Reihe von Generalkommandos haben keinen Zweifel daran gelassen, daß sie einen unkontrollierten, stärkeren Alkoholverbrauch für bedenklich oder gar schädlich halten." Fürsorgeorganisation und Militärführung versuchten also vor allem das ungezügelte Trinken in den Schützengräben zu unterbinden, was in ihren Augen die erforderliche Moral und die physische Kampfkraft zwangsläufig unterminieren musste. Auch sollten die inkriminierten Rum- und Kognakspenden keineswegs entsorgt, sondern schlicht anderen Zwecken zugeführt werden: Das Rote Kreuz wollte die Alkoholika in den Lazaretten zur Verteilung bringen, wo derartige Labsale nach den Beobachtungen der Ärzte zumindest „das seelische Befinden" bei den Verwundeten verbessern halfen.

Liebesgaben als geistige Nahrung

Wie zahlreiche Briefe der Soldaten dokumentieren, war ihnen jede geistige Ablenkung aus ihrer Welt des Chaos, der Toten und Verwundeten, des Drecks und der psychischen Überbelastung hochwillkommen. Jedes Buch, das sich in einem Liebesgabenpaket befand, wurde daher freudig begrüßt und wanderte von Hand zu Hand. Bei den militärisch Verantwortlichen in der Heimat war das Problem der abstumpfenden Verrohung zwar schon 1914 erkannt worden; so hatte man gleich zu Kriegsbeginn einen heereseigenen „Gesamtausschuß für Kriegsbibliotheken" gegründet, der im Reichstagsgebäude untergebracht war und eigentlich die Versorgung aller Soldaten mit ausreichender Literatur sicherstellen sollte, was aber nur für die Etappe im Hinterland hinlänglich in die Tat umgesetzt werden konnte. Möglicherweise durch die enge Fühlung, die seine Sanitätskolonnen mit den Soldaten vor Ort halten konnten, war das Rote Kreuz sehr viel besser über die literarischen Vorlieben und Abneigungen der Feldgrauen informiert, und so hatte man eine eigene Beschaffungsstelle gebildet. Deren Initiatoren stellten anders als die militärischen Bibliothekare den Wert eines Buches als „eigenständige" Liebesgabe in den Vordergrund, wie einem Artikel, der im Mai 1915 in der Verbandszeitschrift des Roten Kreuzes erschien, zu entnehmen war: „Man kann sich unschwer vorstellen,

Tödliche Bilanz

Im Ersten Weltkrieg starben zehn Millionen Soldaten auf dem Schlachtfeld oder an den erlittenen Verwundungen. Rund 100 000 wurden Opfer von Angriffen mit Gas, einer Waffe, die hier erstmals zum Einsatz kam. Auch bei den zivilen Opfern setzte der Krieg bis dahin unbekannte „Maßstäbe": So starben durch direkte Kriegseinwirkung über fünf Millionen Menschen. Serbien hatte prozentual den höchsten „Blutzoll" zu entrichten und verlor 24 Prozent seiner Gesamtbevölkerung. Darüber hinaus verhungerten etwa 750 000 Menschen in Deutschland und ca. 250 000 in Österreich-Ungarn.

„Ein gutes Buch sei stets dabei":
Reklamemarke für Bücher als Liebesgaben, 1914.

welche Freude vor allem fesselnde Bücher in die tödliche Langeweile wochen- und monatelang stehender Stellungskämpfe, in öde Quartiere zu bringen vermag. Deshalb ist es von größtem Interesse, daß bei den Sammel-Depots auch gute Bücher zum Versande gelangen."

Auf den Liebesgabenaspekt von Büchern zielten auch die Gaben derjenigen, die sich sozusagen professionell mit geistigen Elaboraten auseinanderzusetzen hatten: Von Anfang an deklarierte die Deutsche Studentenschaft ihren Buch-Gruß zu Weihnachten 1914 an die im Felde stehenden Kommilitonen als „Liebesgabe". Das Bändchen, ein Sammelsurium verschiedener Fachaufsätze, pathetischer Gedichte und aufbauender Professorenworte, das unter dem Titel „Deutsche Weihnacht" in einer Auflage von 30000 Exemplaren an die Front expediert wurde, führte zu einer nie erwarteten Rückmeldeflut von 10 000 positiven Antworten. Dadurch ermutigt, gründeten die Studenten einen „Fond zur Versendung von Liebesgaben an Dozenten und Studenten", der es ihnen ermöglichte, mehrmals pro Jahr eine fortlaufend nummerierte „Liebesgabe deutscher Hochschüler" zusammenzustellen.

Thematisch gab man sich zeitbedingt christlich-erbauend oder patriotisch-konservativ: Als dritte Ausgabe erschien Mitte 1915 z.B. „Das Johannesevangelium" und als fünfte das von dem Germanisten Karl Simrock im 19. Jahrhundert übersetzte Sachsenepos „Heliand". Daneben erschienen noch spezielle Kunstbände, etwa 1916 Handzeichnungen Ludwig Richters unter dem Titel *Lug ins Land: Teure Heimat in der Ferne, sei gegrüßt!*. Die studentische Initiative dürfte formal wie inhaltlich ganz der ideellen Linie der Rot-Kreuz-Beschaffungsstelle entsprochen haben, wollte die doch in vollmundiger Anpreisung ihrer eigenen Aktivitäten so nebenbei auch ein gänzlich unmilitärisches Kriegsziel verwirklicht sehen: „Nicht nur Genuß und Unterhaltung bringen die Bücher, sondern auch Belehrung und Aufklärung, und helfen damit deutsche Kultur und deutsches Geistesleben immer weiter auszubreiten."

Mundharmonikas in Kinderhand

Je mehr sich der Krieg in die Länge zog, desto häufiger mussten die Sendungen der sich stetig verschlechternden Versorgungslage Tribut zollen. Längst vorbei war 1918 die Liebesgaben-„Völlerei" der ersten beiden Kriegsjahre, als etwa der Hannoversche Fabrikant Hermann Bahlsen noch ganze Waggonladungen mit seinen Leibniz-Keksen zu den Frontsoldaten auf der Schiene expedieren ließ – und über diese vaterländischen Aktionen sein Produkt für die nächsten Jahrzehnte in eine Monopolstellung am Verbrauchermarkt hievte. Erloschen war auch die patriotische Euphorie der ersten Kriegsmonate, als eine dankbare Bevölkerung den zeitweiligen Überheros des Krieges, Generalfeldmarschall Paul von Hindenburg, mit Liebesgaben überhäuft hatte, sodass der, wie die *Berliner Illustrirte Zeitung* in der Ausgabe vom 27. Dezember 1914 kolportierte, ihrem Korrespondenten gestehen musste: „Es ist rührend, wie gut die Leute zu mir sind – aber was soll ich im Kriege mit gerahmten Bildern anfangen? Ich schlafe auch in keinem Schlafsack, und man soll mir doch nur ums Himmels willen keine Pulswärmer und Dauerwürste mehr schicken!" Im fünften Kriegsjahr wäre wohl niemand mehr auf die Idee verfallen, den Verantwortlichen des großen Menschenschlachtens irgendwelche Gaben als Ausdruck der Verbundenheit zu verehren.

Schon im September 1916, als die Vorbereitungen für die Liebesgabenaktionen des bevorstehenden Weihnachtsfestes anliefen, machten sich die ersten Engpässe empfindlich bemerkbar. So ließ z. B. der Oberpräsident der Mark Brandenburg in den Sammelstellen des Landes eine umfangreiche Liste zirkulieren, die fast alle Nahrungsmittel für den Versand ausschloss. Unter anderem umfasste das Verbot „Kaffee, Tee, Schokolade, Kakao, Keks, Zwieback, Zucker, Salz, Gries, Haferflocken, Linsen, Bohnen, Nudeln, Grünkern, Schmalz, Butter, Fette aller Art, Speck, Schinken, Wurstwaren, geräucherte Fleischwaren, Käse, kondensierte Milch", dazu noch sämtliche Produkte aus Wollstoffen. Mit der rapiden Verknappung stiegen die Beschaffungskosten für die Waren, auch wenn die Reichsregierung mit der Festsetzung von Höchstpreisen schon seit 1915 dämpfend eingegriffen hatte. „Obgleich der Inhalt der Pakete demjenigen von 1916 entsprach, mußte die hierzu erforderliche Summe fast verdoppelt werden", beklagte entsprechend die Braunschweiger Sammelstelle des Roten Kreuzes mit Blick auf das Weihnachtsgeschäft des Jahres 1917 die allgemeine Preisentwicklung.

Gleichwohl versuchten die Fürsorgeorganisationen, ihre Liebesgabentätigkeit fortzusetzen. Nach wie vor wurden Pakete für die Front geschnürt, Verwundete in Lazaretten mit Gaben bedacht und sogar alle Kriegsgefangenen, die während des Frühjahrs 1918 nach der Unterzeichnung des Waffenstillstands mit Russland im Dezember 1917 in die Heimat zurückkehren durften, mit einem Geschenkkarton begrüßt. Selbst noch gegen Ende Oktober 1918, als die Kapitulation des Deutschen Reiches kurz bevorstand, bereitete man sich seitens des Berliner Rot Kreuz-Zentraldepots auf den alljährlichen Weihnachtspaketversand vor. Zur Ausführung sollte diese Aktion allerdings nicht mehr gelangen, da am 29. und 30. Oktober mit den ersten Befehlsverweigerungen der Matrosen im Marinestützpunkt Kiel die Novemberrevolution eingeläutet wurde.

Nur wenige Tage nach der Abdankung Kaiser Wilhelms II. am 9. November und der darauf folgenden Verkündung des Waffenstillstands traf sich am 18. November 1918 ein letztes Mal der Liebesga-

Das Winterhilfswerk (WHW)

Obwohl das WHW als Nazi-Erfindung gilt, existierte die Nothilfe-Organisation schon zu Zeiten der Weimarer Republik. Nach ihrer „Machtergreifung" erkannten die Nazis schnell, dass das WHW ein ideales Instrument darstellte, um staatliche Fürsorgekosten zu mindern und die „Volksgemeinschaft" enger zusammenwachsen zu lassen: Noch 1933 wurde die temporäre Notstandsmaßnahme daher in eine Dauereinrichtung überführt. Viele Deutsche betrachteten die Sammlungen als „allgegenwärtige Dauerbelästigung", wie zeitgenössische Berichte glaubhaft kolportieren.

benausschuss des Berliner Magistrats, um über das weitere Vorgehen zu beratschlagen. Gegen Ende der Sitzung konnten sich die Anwesenden darauf einigen, aus den noch vorhandenen Waren „die für Kinder passenden Artikel" auszusondern und an Kriegswaisen und Kinderhorte zu verteilen. Als besonders zweckdienlich befand man dafür „Bonbons, Mundharmonikas, Zahn- und Handbürsten, Nähzeuge, Notizbücher und von den beschafften Spielen ein Teil von 500 Stück".

Front und Heimat – Ein Herzschlag: Liebesgaben im Zweiten Weltkrieg

Anders als die kaiserliche Führungselite den Ersten Weltkrieg hatten die Nazis ihren Krieg in den „Friedensjahren" nach 1933 minutiös vorbereitet – gerade unter versorgungstechnischen Gesichtspunkten: Zunächst brachten sie neben allen anderen Institutionen auch die Wohlfahrtsverbände unter ihre Kontrolle bzw. zur Selbstauflösung, selbst wenn einer von ihnen, das Rote Kreuz, zwar „gleichgeschaltet" wurde, wegen seines internationalen Zuschnitts aber pro forma eigenständig bleiben durfte. Darüber hinaus bauten sie mit der NS-Volkswohlfahrt ein Parallelsystem auf, das den Raum öffentlicher Fürsorge nach und nach für sich allein beanspruchte. Gleichzeitig gewöhnte man die Volksgenossen mithilfe institutionalisierter Sammlungen wie dem Winterhilfswerk und künstlichen Verknappungskampagnen wie dem Eintopfsonntag[18] an Spenden und Sparen als Staatspflicht. Und schließlich entwickelten die Nazis ein ausgeklügeltes Rationierungssystem, das bei Kriegsbeginn sofort greifen konnte.[19]

Was Hitler und seine Paladine nämlich auf jeden Fall vermeiden wollten, war eine Wiederkehr des berüchtigten Steckrübenwinters von 1916/17, als die Moral der Bevölkerung auf den Tiefpunkt gesunken war. Mit der Ausgabe von Lebensmittelkarten bereits ab 28. August 1939 konnte die Umstellung auf die Kriegsernährungswirtschaft vom Tage des deutschen Überfalls auf Polen an sofort erfolgen. Ab dem 1. September erhielten die Deutschen Fett, Fleisch, Butter, Milch, Käse, Zucker und Marmelade nur noch auf Lebensmittelkarte, Brot und Eier

Und obenauf einen Tannenzweig: Liebesgabenpakete werden von Schwestern des Roten Kreuzes zu Weihnachten 1940 gepackt.

folgten am 25. September, im Oktober Textilien. Trotz eines allmählich einsetzenden Mangels an Fett, einer Abnahme der Brotqualität oder latenter Knappheit bei Hausbrandkohle und Schuhleder gab es während des Krieges keine ernsthaften Versorgungsprobleme, da man die Produktion der Konsumgüterindustrie kaum drosselte und die in schneller Folge besetzten Länder Europas systematisch zur Aufbesserung der heimischen Versorgungslage ausplünderte.

Von der strukturierten Erfassung sämtlicher Fürsorgetätigkeiten war natürlich auch die Liebesgabenversorgung der Soldaten betroffen: In allen Wehrkreiskommandos wurden bei Kriegsbeginn zentrale Annahmebüros der Armee eingerichtet, in denen neben dem Militärpersonal Schwesternhelferinnen des Roten Kreuzes arbeiteten. Hier strömten die von der Bevölkerung und den Parteiorganisationen gespendeten bzw. ersammelten sowie die von den jeweiligen Versorgungsämtern der Wehrmacht zur Verfügung gestellten Waren zusammen, von wo sie, meist in standardisierte Liebesgabenpakete verpackt, an die jeweiligen Truppenverbände befördert wurden.

Wie die Spitzel des Inlandsnachrichtendienstes der SS ermittelten, deren Beobachtungen die Basis für die geheimen „Meldungen aus dem Reich" bildeten,[20] war es um die Spendenfreudigkeit der Bevölkerung jedoch keineswegs so patriotisch-überschwänglich bestellt wie noch zu Beginn des vorangegangenen Krieges. Dies zeigte sich bereits beim ersten Kriegsweihnachtsfest, als der zum 13. Dezember 1939 verfertigte SS-Bericht die Situation folgendermaßen umriss:

> Da viele Familien selbst Angehörige im Felde haben, sie zu Weihnachten beschenken wollen, bleiben manche Sammlungen ergebnislos. Im Bereich des Wehrkreiskommandos IV (Dresden) ist deshalb durch die Presse bekanntgegeben worden, daß im Einvernehmen zwischen Wehrmacht und Partei alle Sammlungen von Liebesgaben unterbleiben sollen. Trotzdem wurden z. B. in einzelnen Ortsgruppenbereichen Leipzigs noch immer Liebesgaben gesammelt, so daß es vorkam, daß Spenden unter Hinweis auf die genannte Pressebekanntmachung verweigert wurden.

Insbesondere der trommelnde Eifer der Partei und ihrer Unterorganisationen dürfte, soviel lässt sich unschwer zwischen den Zeilen herauslesen, dem Abliefern von Liebesgaben abträglich gewesen sein. Generell bleibt natürlich zu fragen, welcher Quellenwert den „Meldungen aus dem Reich" überhaupt zuzumessen ist, standen die abfassenden SS-Offiziere doch unter einer Art doppeltem Erfolgsdruck, d. h., sie mussten sich gegenüber der Partei- und Staatsführung, für die diese Berichte angefertigt wurden, bei ihren „demoskopischen" Erhebungen gleichermaßen gegen den Vorwurf der „Miesmacherei" als auch gegen den der „Schönfärberei" absichern. Insofern bieten die Berichte oft ein widersprüchliches Bild. Im Vergleich zu der oben zitierten Meldung erweckt der gerade fünf Tage später vorgelegte Bericht vom 18. Dezember so einen geradezu gegenteiligen Eindruck, als darin ausgeführt wurde, dass „bei den in den letzten Tagen in einigen Gebieten durchgeführten Sammlungen von Liebesgaben für die Frontsoldaten selbst Lebensmittel, die nur auf Karten zu kaufen sind, in einem verhältnismäßig großen Umfang gespendet" wurden.

Die Krone der Bemühungen, den Erwartungen der Staatsführung hinsichtlich eines vom nationalsozialistischen Geist beseelten Volks möglichst gerecht zu werden, stellte indes der Bericht vom 13. März 1940 dar: „Die Feldausgabe vom Buch des Führers ‚Mein Kampf' findet bei der Bevölkerung allergrößtes Interesse. Überall läßt sich der Wunsch feststellen, den Angehörigen dieses Buch als Geschenk ins Feld zu senden." Hier dürfte der Verfasser schlicht die Versandgewohnheiten von ein paar Angehörigen fanatischer Parteisoldaten unzulässig verallgemeinert haben. In den Feldpostbriefen jedenfalls, die nach 1945 in umfangreichen Sammlungen ediert wurden, lassen sich, wenn überhaupt einmal ein Liebesgabenpaket erwähnt wird, keinerlei Hinweise auf den Empfang des ominösen Machwerks finden.

Ein Paket nach Deutschland

Ohnehin erwies sich der Versand von Liebesgaben an die Front bald als überflüssig, da es um die Heeresverpflegung besser bestellt war als um die vom Rationierungssystem diktierte Ernährungslage in der Heimat. Zudem konnten und sollten die Soldaten in den besetzten Ländern Europas selbst einkaufen, wozu die willkürlich festgesetzten Wechselkurse geradezu animierten, da man die jeweiligen Landeswährungen künstlich abwertete. Mithin kehrte sich der Strom des Liebesgabenversandes um: Nun waren es die Soldaten, die massenhaft Päckchen und Pakete zu ihren Angehörigen in Deutschland schickten. Getreu der von den Nazis im Großen betriebenen Ausplünderung der eroberten Gebiete sollte auch der gemeine Landser im Kleinen profitieren können. Als oberster Protektor des „Bereicherungsprogramms für Alle" erwies sich vor allem die offizielle Nummer 2 in der nationalsozialistischen Führung, Hermann Göring[21], der beispielsweise die von der Heeresleitung sowieso schon nachlässig gehandhabten Einkaufslimits für die Soldaten aufhob und die Verschickung von kostenfreien Feldpostpäckchen bis zu einem Kilogramm ohne Beschränkung der Zahl gegenüber der Feldpostverwaltung durchsetzte. Des Reiches oberster Kunsträuber[22] wusste sich bei derlei Versanderleichterungen mit seinem „Führer“ einig, der in einem seiner berüchtigten Tisch-Monologe im August 1942 hinsichtlich leiser Kritik an massenhaft verschickten Beuteobjekten aus der Ukraine nur lakonisch bemerkte: „Es kann damit nichts Besseres geschehen, als daß es der Familie des Soldaten in der Heimat zukommt.“

Schon nach Beendigung des „Frankreichfeldzuges“ hatte der Armeefeldpostmeister in seinem Bericht für das erste Halbjahr 1941 die ungeheure Menge an Päckchen beklagt, die seinen Postlern aufgebürdet würden – nach der Statistik lag der monatliche Durchschnitt bei rund drei Millionen Sendungen. Gerade aus Frankreich, dem Land des in den Augen der Volksgenossen und vor allem der Volksgenossinnen trotz aller Nazipropaganda nach wie vor vorbildhaften *Savoir vivre*, schickten die Soldaten ihren Ehefrauen und Bräuten lang entbehrte Parfüms, elegante Sommerkleider und modische Schuhe, den männlichen Familienmitgliedern gern echten alten Cognac oder erstklassige Bordeaux-Weine.

Wie der Historiker Götz Aly ermitteln konnte, etablierte sich ein regelrechter Lieferungsservice zwischen den Soldaten und ihren Angehörigen. Gegen Geld, das man ihnen zusätzlich zu ihrem Wehrsold aus der Heimat schickte, kauften die Soldaten nach mitgeliefertem Wunschzettel ein. In erster Linie handelte es sich natürlich um die jeweils landestypischen Waren: in Frankreich neben den genannten Produkten um Seide, Toilettenseife und Likör, Strümpfe und Fensterleder, in den Balkanstaaten um Tabak und Zigaretten, in Norwegen um Fische und Silberfuchspelze und in der Ukraine und Russland um Honig, Speck und Butter.

Nach offizieller Lesart konnte eine Soldatenfrau oder -braut so ihre Wochenration an Fleisch und Fisch um ca. 50 Prozent erhöhen, wobei die tatsächliche Steigerungsrate um ein Vielfaches höher gelegen haben dürfte. Auch wurden viele der in die Heimat geschafften Spezereien gern als Tauschwaren eingesetzt, mit denen man sich beispielsweise eine handwerkliche Dienstleistung erkaufen konnte. Insofern, so bilanziert Aly sarkastisch, machte das Ausplündern der eroberten Länder sogar einen „volkswirtschaftlichen Sinn“.

Propaganda per Post

Doch auch die traditionelle Liebesgabenfürsorge wurde weitergeführt, wenngleich sich unter den geschilderten Umständen die Bezugsgruppe änderte: Bedacht wurden nun in erster Linie die Kriegsgefangenen. In der nationalsozialistischen Propaganda galten die Inhaftierten als besonders bedauernswert, weil sie nicht mehr an den „glorreichen Erfolgen des Führers", d.h. an den Eroberungszügen teilnehmen durften, wie ein „DRK-Generalhauptführer" in der Verbandszeitschrift 1941 formulierte: „Der Schmerz, aus dem weltgeschichtlichen Kampf Deutschlands um seine Freiheit und seinen Lebensraum dauernd ausgeschaltet zu sein, spr(äche) aus jedem Brief", den die Soldaten nach Hause schickten. „Gerade deshalb", so der Rotkreuz-Leiter weiter, „ist es notwendig, die deutschen Kriegsgefangenen spüren zu lassen, daß die Heimat ihrer in Treue gedenkt".

Vor allem zur Weihnachtszeit bemühte sich die Wohlfahrtsorganisation daher, persönlich adressierte Liebesgabenpakete auf den Weg zu bringen. Dafür stellte das Verwaltungsamt des Oberkommandos der Wehrmacht sogar bewirtschaftete Lebensmittel zur Verfügung, die in den Geschäften kaum mehr zu bekommen waren. Zu Weihnachten 1941 enthielten die Kriegsgefangenenpakete so vier Dosen Schokolade, eine Dose Fisch, mehrere Schachteln Zigaretten, Lebkuchen und geschälte Nüsse, aber auch im Lagerleben so unentbehrliche Utensilien wie Rasierklingen, Taschenspiegel, Kamm, Bleistift und Taschenkalender. Beim Versand der Pakete für die Gefangenen wurde sogar die vorherrschende Versorgungssituation der jeweiligen Gewahrsamsländer berücksichtigt: So erhielten die in England Inhaftierten zusätzlich Vitamindrops, Schinken, Tomatenmark und Trockenobst. Der DRK-Führer kommentierte diese Zugaben mit der Feststellung, dass „die Ernährungslage eine Ergänzung zu ihrer Ernährung notwendig" mache – womit er zur moralischen Stärkung der Leser en passant auf Hitlers Überzeugung von einer raschen Kapitulation des Inselreiches anspielte. Darüber hinaus hatte die Heeresleitung das Rote Kreuz mit einem speziellen Feldversuch beauftragt: Entsprechend der zu diesem

Zeitpunkt noch ungetrübten Welteroberungsfantasien seitens der zivilen wie militärischen Führung sollte die Wohlfahrtsorganisation diversen Sendungen Kommissbrote beilegen, wodurch sich das Oberkommando Aufschluss darüber erhoffte, „ob es möglich ist, das Dauerbrot mit Erfolg durch die mannigfachen klimatischen Zonen zu schicken".

Neben den Kriegsgefangenen kümmerte sich das Rote Kreuz zudem um die deutschen Internierten in allen Ländern der Welt. Dies betraf in erster Linie den Nachrichtenaustausch mit den Familienangehörigen in Deutschland, aber auch den Versand von Liebesgaben „verschiedenster Art, wie Arznei- und Verbandartikeln, Büchern und Noten, Sportgeräten, Unterhaltungs- und Bewegungsspielen". Wie einem Bericht über „Liebesgabensendungen für internierte deutsche Frauen und Kinder" in der Zeitschrift des Roten Kreuzes von Mitte September 1942 zu entnehmen ist, ließ man sich bei der Zusammenstellung der Sendungen keineswegs allein vom Goodwill-Gedanken leiten, sondern ebenso von der Intention, „Erinnerungen der Erwachsenen an die Heimat wach zu halten und zu stärken, den Kindern durch Wort und Bild deutsches Leben nahe zu bringen und sie mit den Schönheiten deutscher Gaue bekannt zu machen". Den Auslandsdeutschen sollte mit den dafür vorgesehenen Materialien, in erster Linie Bildbänden und Liederbüchern, nicht nur die eigene Moral gestärkt werden, sondern sie sollten gegenüber den „Gastgebern" das „hohe Gut" deutscher Kultur anschaulich und überzeugend präsentieren können. Und da sich über Kinder bekanntlich die unverfänglichsten Kontakte anbahnen lassen, trugen selbst die mitgesandten Puppen „dem Leitgedanken der Sendung" Rechnung, indem sie in deutsche Volkstrachten gekleidet waren.

Damit schließt sich der Kreis: Wie schon im Ersten beendete die Liebesgabe ihre „militärische" Karriere auch im Zweiten Weltkrieg in Kinderhand. Nur gab es vor der Kapitulation am 8. Mai 1945 anders als im November 1918 schon lange keine Institution mehr, die über die Verteilung noch vorhandener Gaben hätte entscheiden können – von der dafür notwendigen Infrastruktur ganz zu schweigen.

Eine Gabe von einem Freund in Amerika: Das CARE-Paket

Bereits zu dem Zeitpunkt, als die deutsche Delegation in Versailles mit ihrer Vertragsunterschrift am 28. Juni 1919 die harten Friedensbedingungen der Alliierten akzeptierte, konnten auch weniger kundige Zeitgenossen voraussagen, dass die Bewältigung der Kriegsfolgelasten die volkswirtschaftlichen Kapazitäten Deutschlands bei weitem übersteigen würden. Jenseits des Atlantiks, in den Vereinigten Staaten, wo es traditionell eine oft religiös motivierte Hilfsbereitschaft von Privatleuten bei der Unterstützung notleidender Nationen gab, reifte schnell die Erkenntnis, dass das vom Krieg ausgepowerte Europa umfassender Finanz- und Sachtransfers bedurfte, um wieder auf die Beine kommen zu können.

Noch 1918 nahmen deutschstämmige Amerikaner ihre bereits zu Kriegsanfang organisierten, mit dem US-Kriegseintritt 1917 jedoch eingestellten Hilfeleistungen für die Not leidende Bevölkerung Deutschlands wieder auf. Dies betraf insbesondere landsmannschaftlich organisierte Hilfsvereine, etwa einen unter dem Namen „Hessen-Darmstädter-Hilfe" operierenden Fonds oder Geldsammlungen für die Rheinpfalz, Westfalen oder Bayern von Emigranten, die aus diesen Regionen Deutschlands ausgewandert waren. Gerade in den traditionellen Siedlungsgebieten der Deutschstämmigen z.B. um die Großen Seen etablierten sich verschiedene Organisationen, wie in Milwaukee eine „Charity Bazar Association", die zwischen 1919 und 1924 Sachspenden im Wert von über 1,3 Millionen Dollar auf den Weg brachte, daneben über 300 000 Dollar transferierte und rund 65 000 Lebensmittelpakete nach Deutschland schickte. In Minnesota richteten rund 300 deutsche Kirchengemeinden mithilfe der Gemeinderäte kleinerer Städte, die hauptsächlich von Deutschstämmigen bewohnt wurden, einen Hilfsfonds ein, der vier Millionen Dollar für das Deutsche Rote Kreuz einwarb. Neben 120 Eisenbahnwaggons an Kleidung verschickte die sogenannte Minnesota-Hilfe auch 800 000 Lebensmittelpakete über den Atlantik.

Die in New York erscheinende Zeitschrift *The American Monthly*, ein hauptsächlich von deutschen Emigranten gelesenes Blatt, offerierte in großformatigen Anzeigen ein eigens kreiertes Paketprogramm, bei dem das Publikum aus einer Palette von Standardpaketen im Wert zwischen 15 und 95 Dollar wählen konnte, die dann von der Zeitschrift an Adressaten in Deutschland vermittelt wurden. Dieses 1920 gestartete Programm gab, insbesondere mit Blick auf seine Bewerbung und Durchführung, in Grundzügen bereits das strukturelle Muster der späteren legendären CARE-Aktivitäten[1] vor. Auch der von dem Herausgeber von Anfang an ins Auge gefasste Nebensinn, über die Paketaktion seiner „für die deutsche Sache eintretenden Zeitschrift“[2] finanziell aufzuhelfen, entsprach nicht nur der sehr amerikanischen Vorgehensweise, Kommerz und Mildtätigkeit zum From-men aller zu vereinen, sondern nahm gedanklich das erfolgreiche Geschäftsprinzip der CARE-Organisation vorweg.

Zur besseren Koordinierung all dieser Privatinitiativen wurde 1920 in New York das „Central Relief[3] Committee“ (CRC) gegründet, das sein rasch aufgebautes Logistiksystem gerade kleineren Hilfsorganisationen zur Verfügung stellte. Im Grunde wie eine Genossenschaft arbeitend, kaufte das CRC von den ihm überlassenen, sozusagen „eingelegten“ Geldern Lebensmittel und Kleider und verschickte sie nach Europa. Darüber hinaus stellte es durch eigene Vertretungen in den Zielländern Deutschland und Österreich[4] sowie durch dort von ihm beauftragte einheimische Wohlfahrtsverbände die Verteilung der Güter an die von den geldgebenden „Genossenschaftlern“ benannten Empfänger sicher. Daneben verkaufte das CRC ab 1920 analog zu den Aktivitäten des Zeitschriftenherausgebers auch schon standardisierte

Die Quäker

Die „Religiöse Gesellschaft der Freunde" („Religious Society of Friends"), wie sich die Quäker selbst bezeichnen, entstand im 17. Jahrhundert in England. Der Name „Quäker" lässt sich auf das Verb „to quake" („erzittern, beben") zurückführen und wurde ursprünglich von ihren Gegnern als diskriminierende Bezeichnung benutzt. Diese bezogen sich auf einen Ausspruch des Sektenmitbegründers George Fox: „Zittere vor dem Wort des Herrn." Die erste ihrer nachmals so berühmten Quäkerspeisungen führte die Gesellschaft 1813 für die Opfer der Napoleonischen Kriege in Sachsen durch.

Lebensmittelpakete, deren Bandbreite zunächst vier, später sogar zwölf verschiedene Typen umfasste, wobei die Preisstaffelung von 3,5 bis 22 Dollar für den hilfswilligen Käufer sehr viel portemonnaieschonender gestaltet war als die doch vergleichsweise teuren Paketofferten der Zeitschrift.

Mit dem CRC eng zusammen arbeitete eine bereits 1917 gegründete Organisation, die für Deutschland nicht nur nach dem Ersten, sondern auch nach dem Zweiten Weltkrieg eine überragende Bedeutung im Kampf gegen den Hunger gewinnen sollte: das noch heute existierende „American Friends Service Committee" (AFSC) der Quäker, einer zahlenmäßig vergleichsweise kleinen Religionsgemeinschaft, die sich aber gemäß ihres Glaubens äußerst tatkräftig in der praktischen Wohlfahrtsarbeit für notleidende Menschen überall in der Welt engagierte.

Insbesondere die berühmte Kinderspeisung der Quäker nach beiden Weltkriegen erreichte legendären Ruf. Sie wurde im Frühjahr 1919 mit einem Spendenaufruf des AFSC eingeläutet, in dem unverblümt die zu diesem Zeitpunkt noch herrschenden Ressentiments in der öffentlichen Meinung Amerikas gegenüber den besiegten Deutschen kritisiert und aus humanitären Überlegungen heraus eine Kehrtwende in der Betrachtung eingefordert wurde:

> [Deutschland braucht Nahrung. Deutschland braucht Freunde. Die Interalliierte Nahrungsmittelkommission und andere Organisationen unterstützen die alliierten Länder wie Armenien, Frankreich, Polen, die Tschechoslowakei, Italien und Syrien, aber nicht Deutschland. Das Friedenszeugnis der Quäker bedeutet nicht nur gewissensmäßige Ablehnung des Krieges. Es bedeutet auch eine ganz andere Einstellung als Krieg, (nämlich) Überwindung des Bösen mit Gutem, des Hasses mit Liebe.]

Die Kinderspeisung entwickelte sich binnen kurzem zu einem der wichtigsten Wohlfahrtsprogramme für das darbende Deutschland, dessen Ausmaße die finanziellen Kapazitäten des AFSC aber bald sprengen sollten. 1921 nahm daher das CRC in Absprache mit den Quäkern die Kinderspeisung unter seine Fittiche und finanzierte sie mit Einverständnis seiner „Genossenschaftler" aus eigenen Mitteln. In Deutschland wurden die Kinderspeisungen von den Ortsausschüssen für die Auslandshilfe organisiert und praktisch von Jugendpflegerinnen und Helferinnen des Roten Kreuzes geleistet, welche die aus Amerika gesandten Lebensmittel vorwiegend in Schulen zu einer warmen Mahlzeit pro Tag und Kind aufbereiteten. Die Ortsausschüsse fungierten dabei als lokale Ableger des bereits 1919 vom Roten Kreuz in Berlin gegründeten „Deutschen Zentralausschusses für die Amerika-Hilfe", in dem je ein Vertreter aller in Deutschland aktiven Wohlfahrtsverbände saß. Der Name wurde wenige Monate später in „Deutscher Zentralausschuß für die Auslandshilfe" abgeändert, da auch aus anderen Ländern Hilfsgüter nach Deutschland geschickt wurden.

Die Quäker in Amerika handelten nicht nur aus Motiven uneigennütziger Hilfsbereitschaft heraus, sondern verbanden mit den Lieferungen auch politische Zwecke. So legte ihnen ihr Glaube die Einhaltung eines radikalen Friedensgebotes auf, was in letzter Konsequenz bedeutete, den Kriegsdienst mit der Waffe zu verweigern. Dies war allerdings während des Ersten Weltkriegs noch verboten. Dennoch sahen sich die Quäker in der amerikanischen Öffentlichkeit stets mit dem Vorwurf der Feigheit und des Drückebergertums konfrontiert, umso mehr versuchten sie daher, ihre Loyalität und ihren Patriotismus auf zivilem Sektor, in der Fürsorge, unter Beweis zu stellen.

Zum anderen warf die bolschewistische Oktoberrevolution von 1917 bereits ihre Schatten voraus: Die Quäker mochten zwar vor allem dem urchristlichen Gebot der Nächstenliebe verpflichtet sein, doch waren sie auch typische Vertreter des *American way of life*, dessen ideelle Kernpunkte, etwa das individuelle Streben nach Glückseligkeit, welche oft mit Reichtum gleichgesetzt wurde (und wird) oder der bedingungslose Glaube an die Segnungen eines freien Unternehmertums, zwangsläufig mit der sozialistischen Heilslehre kollidieren mussten. Entsprechend befürchteten sie wie viele ihrer Landsleute – und mit ihnen die meisten amerikanischen und europäischen Politiker – einen Export der russischen Revolutionsideen nach Westeuropa, gerade wenn die Länder ihre durch den Krieg bedingte Notstandslage aus eigener Kraft gar nicht oder nur unzureichend meistern konnten. Dieser Gesichtspunkt sollte bei allen amerikanischen Hilfslieferungen nach dem Zweiten Weltkrieg, also auch beim CARE-Paket-Programm, eine kaum mehr verhüllte Rolle spielen.

Die sozialpolitischen „Befriedungs"intentionen, die mit den Hilfsgüterlieferungen verbunden waren, dürften vielleicht weniger das Handeln der Menschenfreunde an der Basis beflügelt haben, sicher aber das eines der prominentesten Quäkervertreter, des Bergbauingenieurs und späteren US-Präsidenten Herbert Clark Hoover. Seine in der internationalen „Welthungerhilfe" gewonnenen Erfahrungen hatten ihn schon früh zu der Erkenntnis geführt, dass es einen kausalen Zusammenhang zwischen materieller Hilfeleistung, Demokratieexport und – nach den Ereignissen in Russland 1917 – antikommunistischer Abwehr gäbe. Insofern erscheint es logisch, dass sich sein Augenmerk vor allem auf die Kinder- und Jugendlichenbetreuung richtete – entsprechend der schlichten psychologischen Erkenntnis, dass Erwachsene, die als Kinder in Hungerjahren aufgepäppelt werden, sich ihr ganzes Leben lang dem Spender verpflichtet fühlen. Als Hoover nach dem Waffenstillstand 1918 mit dem Aufbau der staatlichen „American Relief Administration“ (ARA) beauftragt wurde, hatte er ein Instrumentarium an der Hand, das ihn finanziell – in einer ersten Tranche hatte der Kongress 100 Millionen Dollar für Hilfsgüterlieferungen bewilligt – wie juristisch in die Lage versetzte, in großem Umfang auf die Nachkriegsentwicklung in den europäischen Staaten Einfluss zu nehmen. Seine häufigen Besuche auf dem alten Kontinent führten ihm schnell vor Augen, dass eine Beschränkung der Versorgung auf die alliierten Länder nach dem Ende des Krieges keineswegs hinreichen würde. Da die ARA laut ihrer Statuten zunächst nicht befugt war, in ehemaligen Feindstaaten, damit auch in Deutschland, Hilfe zu leisten, zweigte Hoover aus seinem Millionenfonds Gelder ab, die er privaten Hilfsorganisationen, in erster Linie dem ihm am nächsten stehenden AFSC, zukommen ließ. Dass Hoovers Engagement – wie das der Quäker überhaupt – selbstredend von einem tiefen Mitgefühl mit dem leidenden Menschen und dem Wunsch, praktische Nächstenliebe zu leisten, gespeist wurde, steht nicht im Widerspruch zur gleichzeitigen Verfolgung sozialpolitischer Motive.

Die vom Staat zur Verfügung gestellten Gelder dienten der auf kommerzieller Basis arbeitenden ARA keineswegs nur dazu, Hilfsgüter aller Art aufzukaufen und zu verschicken, sondern auch zum Aufbau eines eigenen, sozusagen weltumspannenden Logistiksystems im Hilfsgüter„geschäft“, das Privatpersonen wie Vereinigungen eine bequeme und reibungslose Serviceleistung anbot. Einen wichtigen Baustein in diesem System stellten die ARA-Warehouses dar, die in rascher Folge in verschiedenen europäischen Staaten errichtet wurden. Im Grunde wurde über die Warehouses der erste Liebesgabenpaketdienst abgewickelt, der einen direkten Verkehr zwischen Geber und Beschenktem ermöglichte, womit sie als unmittelbare Vorläufer der späteren CARE-Organisation anzusehen sind. Insgesamt bestanden schließlich 64 dieser Einrichtungen in Europa, als deren wichtigste man – angesichts der oben skizzierten „Eindämmungspolitik“ Hoovers – nicht von ungefähr die Lagerhäuser in Prag, Wien, Budapest und Warschau bezeichnen kann. Nachdem 1920 auch für die ARA die Beschränkung hinfällig wurde, ehemalige Feindstaaten von der

Belieferung ausschließen zu müssen, errichtete die Agentur ihr Warehouse für das deutsche Reich in Hamburg, da die Hansestadt zu den wichtigsten Überseehäfen Europas zählte.

Das Prozedere des Paketaustauschs funktionierte nach folgendem Prinzip: In Amerika zahlte ein Spender einen bestimmten Betrag, der zwischen 10 und 50 Dollar je nach gewünschtem Pakettyp schwankte, bei einer Bank ein, die der „American Banking Association" angeschlossen war und mit der die ARA einen entsprechenden Kooperationsvertrag abgeschlossen hatte. Darüber wurde eine Quittung, der „Food Draft", in mehrfacher Ausfertigung erstellt, wovon eine dem zuständigen Warehouse zugeleitet wurde. Hier schließlich stellten die Angestellten aus den Lagerbeständen das Paket für den Endabnehmer zusammen und lieferten es meist per Post aus. Bis Ende 1920 wurden von der Hamburger Filiale bereits über 90 000 Pakete im Wert von einer Million Dollar ausgegeben.

Allerdings entpuppte sich dieses – neben der Kinderspeisung – zweite Lieblingsprojekt Hoovers, dessen Grundidee in seiner Überzeugung wurzelte, dass langfristige Erfolge in der humanitären Auslandshilfe vor allem durch die konkrete Erfahrung der Hilfe „von Mensch zu Mensch" zu erreichen seien, trotz positiven Zuspruchs in den ersten Monaten nach seiner Installierung auf die Dauer als wenig rentabel. Obwohl die ARA den Paketdienst mit umfangreichen Kampagnen offensiv bewarb, wollte sich in den USA kein rechter Verkaufserfolg einstellen. Möglicherweise trugen auch Berichte über verschiedene bürokratische Ungereimtheiten bei der Abwicklung etwa in Deutschland als einem der wichtigsten Empfängerländer dazu bei, den Ruf der Warehouses zu unterminieren.

Im Dickicht des Wohlfahrtsdschungels: Die Gründung von C.A.R.E.

Nach der Landung der Alliierten auf Sizilien am 10. Juli 1943, dem anschließenden Vormarsch durch Italien nordwärts und vor allem nach der Invasion in der Normandie am 6. Juni 1944 schien der Sieg der Alliierten über Nazi-Deutschland nur noch eine Frage der Zeit zu sein. Unübersehbar war, dass große Teile Europas in der Nachkriegszeit von Hilfslieferungen aller Art abhängig sein würden, hatte der Krieg doch nicht nur Millionen Menschen das Leben gekostet, sondern auch große Teile der industriellen und landwirtschaftlichen Produktionskapazitäten verwüstet. Schon seit dem Kriegsbeginn 1939 in Europa, als die Amerikaner selbst noch gar nicht in den Krieg involviert waren, setzte in den USA daher eine Art Gründungsboom privater Auslandshilfeorganisationen ein, die sich in den kriegführenden Staaten betätigen wollten, sodass bereits 1940 über 350 derartiger Hilfsvereine offiziell registriert waren. Viele der Initiatoren hofften wohl auf ähnliche Geldzuwendungen, wie sie in der Zeit nach dem Ersten Weltkrieg an ihre Vorläufer-Organisationen aus der Staatskasse geflossen waren.

Da die amerikanische Regierung bei vielen der Neugründungen zu Recht vermutete, dass hier unter dem Deckmantel der Nächstenliebe nur kommerziellen oder dubiosen Zwecken dienende Geschäfte betrieben werden sollten, schuf sie eine eigene Kontrollinstanz: 1941 rief Präsident Franklin D. Roosevelt mit dem „Committee on War Relief Agencies“ ein Gremium ins Leben, zu dessen vorrangigen Aufgaben es gehörte, die Anträge zur Registrierung sowie die bereits zugelassenen Organisationen daraufhin zu prüfen, ob der Zweck des Unterfangens tatsächlich realisiert werden konnte, ob es keine inhaltlichen Überschneidungen mit einer Parallelorganisation gab und ob die geplanten Aktivitäten nicht schon von denen des amerikanischen Roten Kreuzes abgedeckt wurden, das, aus Steuermitteln bezuschusst, bereits im humanitären Auslandseinsatz wirkte. Welchen sozialpolitischen Stellenwert die Administration der Auslandshilfe beimaß, lässt sich u.a. daran erkennen, dass dieses Komitee ein Jahr später durch Umbenennung in „President’s War Relief Control Board“ (PWRCB) nicht nur namentlich, sondern auch durch eine Erweiterung der Befugnisse aufgewertet wurde.

Wohl als Gegenreaktion auf die staatliche Gängelei schlossen sich Ende 1943 im „American Council of Voluntary Agencies for

Foreign Service" (ACVAFS) 17 bislang dem PWRCB fernstehende, dank ihrer langen Erfahrung in der Auslandshilfe aber unverzichtbare Organisationen beispielsweise der Quäker oder der Mennoniten zu einem eigenen Dachverband zusammen. Da die beim PWRCB gemeldeten Hilfsvereinigungen meist sehr klein, erst frisch gegründet, damit wenig bekannt und entsprechend einflusslos waren, die im American Council vereinigten hingegen über beste Netzwerke aller Art verfügten, kam die Regierungsinstitution nicht umhin, die Zusammenarbeit mit dem neuen Dachverband zu suchen, wozu sicher auch das eigene Selbstverständnis des PWRCB beitrug, der sich als nur temporär agierender Kriegsausschuss begriff. In der Nachkriegszeit, so viel war allen Beteiligten bewusst, würden es in erster Linie die großen privaten, auf das Gebiet der Wohlfahrt und Auslandsfürsorge spezialisierten und, im Gegensatz zu den kleineren PWRCB-Vereinigungen, „hochprofessionellen" Organisationen sein, die in der praktischen Hilfsarbeit an vorderster Front operieren würden. Man diskutierte letztendlich nur noch darüber, unter welchen staatlichen Rahmenbedingungen die Hilfsvereine nach Kriegsende arbeiten sollten. Dennoch beschied das PWRCB bis in den Dezember 1945 hinein entsprechende Lizenzierungsanträge von Hilfsvereinigungen wie dem neugegründeten CRALOG abschlägig, der als Dachorganisation verschiedener kirchlicher Hilfsorganisationen die Spenden verwalten, verschiffen und vor

Der CRALOG

Im Dezember 1945 legten die Quäker einen Statutenentwurf für ein „Council of Relief Agencies Licensed to Operate in Germany", kurz CRALOG, vor, in dem vor allem kirchliche Hilfsvereinigungen vertreten sein sollten. Wenig später wurde die Organisation von der US-Regierung als Transportagentur für die Lieferung humanitärer Hilfsgüter lizenziert. Anders als CARE stellten die Mitglieder von CRALOG aus eigenen Mitteln Lebensmittel und Kleidung bereit, die in Deutschland von den Wohlfahrtsverbänden verteilt wurden. 1962 stellte der CRALOG seine Arbeit ein.

Würdigung im Kleinformat: Sonderbriefmarke der Deutschen Bundespost von 1963 nach Einstellung der CARE- und CRALOG-Lieferungen.

Ort den deutschen Wohlfahrtsverbänden übergeben sollte, mit dem Hinweis, dass nach wie vor der aus den 30er-Jahren stammende „Trading with the enemy-Act“ gültig sei, der einen Handel mit Feindstaaten verbot.

Die ersten Überlegungen, nach Kriegsende einen Lebensmittelpaketdienst analog dem ARA-Service nach dem Ersten Weltkrieg ins Auge zu fassen, wurden bereits 1943 angestellt, als Arthur Ringland, Beamter des amerikanischen Landwirtschaftsministeriums und Berater des PWRCB, darüber informelle Gespräche mit verschiedenen privaten Hilfsorganisationen, Stabsstellen des Außenministeriums und dem Roten Kreuz führte. Ringland griff dabei auf seine Erfahrungen zurück, die er als Mitarbeiter der ARA hatte sammeln können. Dass an diesen ersten Gesprächen auch das Rote Kreuz beteiligt war, kam nicht von ungefähr, da die Wohlfahrtsinstitution damals Standardpakete für amerikanische Kriegsgefangene in Europa verschickte. Ringlands erste Idee war es daher, das Rote Kreuz mit dem von ihm ins Auge gefassten Paketservice zu betrauen.

Ende Juli 1944 war der Plan so weit gediehen, dass das Rote Kreuz nach dem Vorbild der ARA-„Food Drafts" Adressanweisungen über seine Ortsgruppen einwerben wollte und die entsprechenden Paketbestellungen dann in Großkontingenten zu den Rot-Kreuz-Gesellschaften in Europa verschifft werden sollten. Indes signalisierte das Rote Kreuz zwar die generelle Bereitschaft, seine mit der Abwicklung der Kriegsgefangenenpakete beschäftigten Abteilungen nach dem Krieg mit der von Ringland ins Auge gefassten neuen Aufgabe zu betrauen, hielt sich ansonsten aber bedeckt, da es hierin keineswegs seine Fürsorge-Hauptaufgabe sah. Ringland sah sich also gezwungen, nach Alternativen Ausschau zu halten. Beim Dachverband der genossenschaftlich arbeitenden Unternehmen, der „Cooperative League of the USA", insbesondere bei dem hier als Direktor des New Yorker Büros tätigen Soziologen Wallace J. Campbell, stieß er schließlich auf großes Interesse, da der Verband gerade dabei war, ein Komitee zu gründen, das den Wiederaufbau des europäischen Genossenschaftswesens unterstützen sollte.

Ringlands geschickter Schachzug, den Liebesgabenpaket-Versand als eine „No-profit"-Organisation installieren zu wollen, dürfte bei den Genossenschaftlern den letzten Anstoß gegeben haben, sich der Sache anzunehmen. Als dritten im Bunde konnte Ringland noch Lincoln Clark gewinnen, der nach der Gründung der UNO am 26. Juni 1945 bei deren Unterabteilung UNRRA, der „United Nations Relief and Rehabilitation Association" als Generaldirektor tätig, sozusagen schon von Berufs wegen mit weltweiten Hilfsprojekten befasst war. Im Frühjahr 1945 leitete Campbell, der sich in der Folge als eine Art Katalysator des Unterfangens erweisen sollte, ein Diskussionspapier über den Paket-Service allen im ACVAFS organisierten Mitgliedsverbänden zu. Man versprach sich einen Erfolg, wenn mindestens 20 Hilfsorganisationen ihre Bereitschaft erklärten, dem zu gründenden

Unternehmen beizutreten. Nach neuerlichen Diskussionen und Anregungen, die von den angesprochenen Hilfsorganisationen einliefen, verfasste Campbell im September 1945 schließlich einen Satzungsentwurf für die zu gründende Genossenschaft, die den Namen C.A.R.E.[5] als Kürzel für „Cooperative for American Remittances to Europe“ tragen sollte. Schon einen Monat später, am 28. November 1945 erfolgte die Gründung der neuen Kooperative durch 22 Hilfsorganisationen[6], von denen je ein Vertreter in den Aufsichtsrat einzog. Als materielle Arbeitsgrundlage dienten dem Unternehmen sogenannte „Ten-in-One“-Pakete der amerikanischen Armee, worin sich jeweils zehn Verpflegungsrationen zu je 4000 Kalorien pro Mann und Tag befanden. Sie entstammten einem Bevorratungsbestand, der infolge des Kriegsendes im Pazifik nach der Kapitulation Japans am 2. September 1945 überflüssig geworden und von der Armeeverwaltung für humanitäre Zwecke freigegeben worden war. Arthur Ringland hatte davon gehört und es gelang ihm, 2,8 Millionen dieser Pakete an CARE zu vermitteln, obwohl deren Anschubfinanzierung von 750 000 Dollar durch die von den einzelnen Mitgliedern zugesicherten Einlagen kaum zum Aufbau der Infrastruktur und in keinem Fall zum Ankauf der Pakete ausreichte und die Organisation auf eine Stundung bzw. einen Kredit seitens der Regierung angewiesen war.

Wider alle Vorbehalte: Verträge mit den Empfängerländern

Bevor CARE sein erstes Paket überhaupt nach Europa ausliefern konnte, mussten mit den Regierungen der Staaten, in denen die Organisation ihr Werk verrichten wollte, Kooperationsverträge abgeschlossen werden, die den Paketverkehr juristisch regelten. Laut CARE-Statut sollten die Empfängerländer nämlich keinen politischen Einfluss auf die Verteilung der Pakete nehmen dürfen, die Pakete mussten von der Steuer- und Zollpflicht in den Empfängerländern befreit sein und sie durften von den dortigen Behörden auch nicht mit den Lebensmittelzuteilungen, die das alltägliche Versorgungsbild in vielen Ländern Europas bestimmten, verrechnet werden, also in den Rationierungskreislauf einfließen. Darüber hinaus durften die Frachtkosten weder auf den Spender in Amerika noch auf den Empfänger in Europa abgewälzt werden. Gerade die beiden letztgenannten Kriterien, um deren stete Einhaltung CARE besonders bemüht war, gehörte doch die Deklaration des Pakets als „Geschenk" zu den basalen Geschäftsgrundlagen, sollten wesentlich zur Genese des sich schon bald bildenden CARE-Mythos beitragen.

Mit den meisten Ländern Europas, die auf die Hilfsdienste aus Übersee ohnehin angewiesen waren und die daher ein gesteigertes Interesse an zusätzlichen Nahrungsmittellieferungen hatten, ließen sich in rascher Folge entsprechende Kooperationsverträge aushandeln. Anders stellte sich die Situation bei den Kriegsverlierern dar, also in erster Linie Deutschland und Österreich, da diese Länder unter den Siegermächten USA, Sowjetunion, Großbritannien und Frankreich jeweils in Besatzungszonen aufgeteilt waren und noch keine neue Regierung als Ansprechpartner amtierte. CARE musste also mit den Militärbehörden der Besatzungsmächte verhandeln, die als Sieger zunächst kein unmittelbar eigenes Interesse an einer Verbesserung der Versorgungslage der ihnen anvertrauten Bevölkerung hatten. Erschwerend trat hinzu, dass das amerikanische Kriegsministerium den Oberbefehlshaber der US-Streitkräfte in Europa noch im September 1945 angewiesen hatte, in Deutschland keine ausländischen Hilfsorganisationen zuzulassen, da dies die Deutschen in ihrer Haltung bestärken könnte, nur Opfer nationalsozialistischer Willkür gewesen zu sein, und sie sogar versucht sein könnten, daraus einen Anspruch auf Hilfe von außen abzuleiten.

Der zum damaligen Zeitpunkt noch stellvertretende Militärgouverneur der amerikanischen Besatzungszone, General Lucius D. Clay, der für CARE der zuständige und maßgebliche Ansprechpartner war, entwickelte zudem seine ganz eigenen Vorstellungen, nach welchen Kriterien ein solcher Paketdienst in seiner Zone zu verfahren hatte: So konnte ein Teil der Pakete zwar auch an den vom Spender benannten Empfänger expediert werden, der weitaus größere Teil sollte jedoch als sogenannte undesignierte Ware den deutschen Wohlfahrtsverbänden übergeben werden, welche die Pakete dann an von ihnen zu benennende Bedürftige verteilen würden. Alternativ schlug er vor, dass der Spender in den USA bei Auftragsvergabe eine gleichwertige Geld- oder Sachspende zugunsten der allgemeinen Nothilfe entrichten sollte, die dann etwa dem CRALOG-Topf zugeschlagen werden konnte, was, wie er meinte, nur dem demokratischen Prinzip, also einem uramerikanischen Anliegen, geschuldet sei.

Clays Befürchtung, dass die Paketanweisungen in erster Linie Deutschen mit ohnehin hervorragenden Verbindungen in die USA und sogar alten Nazis mit ähnlich gut funktionierenden Netzwerken zugute kommen könnten, entsprang womöglich seinen mittlerweile gesammelten Erkenntnissen hinsichtlich der realen sozialen Gegebenheiten in Trümmerdeutschland, ignorierte die Geschäftsidee von CARE aber sträflich. Die basierte schließlich darauf, den Hilfsgüterverkehr zu entanonymisieren und – wie einer der erfolgreichen Werbeslogans ab 1947 lautete – als Gabe „from person to person“ im Hooverschen Sinne zu individualisieren, der Ware nach Marketinggesichtspunkten also ein menschliches Gesicht zu verleihen.

Nach zähem Feilschen gelang es CARE, mit Clay vertraglich einen Kompromiss auszuhandeln, der am 5. Juni 1946 in Berlin aufgesetzt und unterschrieben wurde: Die Organisation konnte sich das alleinige Verfügungsrecht über alle, auch die unzustellbaren Pakete sichern, sie war von sämtlichen Zöllen, Steuern und sonstigen Abgaben befreit, was beispielsweise hinsichtlich der Gehälter ihrer deutschen Angestellten bares Geld bedeutete. Des Weiteren durfte sie mit eigenen Mitarbeitern vor Ort die Verteilung organisieren bzw. überwachen, wozu ihre Vertreter den bereits im Land tätigen CRALOG-Repräsentanten gleichgestellt wurden. Wie diese hatten sie damit Anrecht auf Unterstützung des Militärs in logistischen Erfordernissen, etwa durch die Bereitstellung von Transportfahrzeugen bzw. Treibstoff für eigene Autos, zudem erhielten sie umfängliche Kohlezuteilungen im Winter und komplette Büroausstattungen. Außerdem konnte die Reichspost per Verordnung des Militärgouverneurs verpflichtet werden, bei der Ermittlung von Adressdaten zu helfen; auch sollten die Postler Identifizierungsnachweise der Empfänger beschaffen, damit CARE gegenüber den Spendern die tatsächliche Auslieferung eines Pakets beglaubigt nachweisen konnte. Und natürlich waren die Pakete von der Lebensmittelrationierung ausgenommen.

Im Gegenzug hatte die Organisation zwei Kröten zu schlucken: Sie musste mit den deutschen Wohlfahrtsverbänden zusammenarbeiten und sich außerdem verpflichten, die erzielten Überschüsse in Form von Paketen der allgemeinen Nothilfe zu überlassen. Nur wenige Tage später, am 21. Juni 1946, gelang es CARE, mit dem Militärgouverneur der englischen Besatzungszone einen ähnlich lautenden Kooperationsvertrag abzuschließen, dem am 8. November des gleichen Jahres derjenige mit den Franzosen folgte. Obwohl die Organisation auch dem Befehlshaber der sowjetischen Besatzungszone ein Vertragsangebot unterbreitete, konnte unter den Vorzeichen des beginnenden Kalten Krieges kein Abschluss mehr zustande kommen. Als allerdings CARE kurze Zeit danach den Paketversand in die Viermächtestadt Berlin beantragte, gestattete auch der russische Stadtkommandant überraschend den Bewohnern seines Sektors, in den Ausgabestellen im Westteil der Stadt die für sie bestimmten Pakete in Empfang zu nehmen.

Das Hilfsgut als politisches Instrument: Die Ansprechpartner auf der deutschen Seite

Nachdem das amerikanische Außenministerium im November 1945 die Einrichtung einer zentralen Empfangsstelle für Auslandsspenden angeregt hatte, forderte die Militärregierung den Länderrat der amerikanischen Zone auf, einen entsprechenden Ausschuss zu benennen. Als Mitglieder sollten darin Vertreter der damaligen drei Länder in der amerikanischen Zone, also von Bayern, Großhessen und Württemberg-Baden, der amerikanischen Enklave Bremen und Bremerhaven und der wichtigsten freien Wohlfahrtsverbände Platz nehmen. Am 18. Januar 1946 trafen sich in Stuttgart erstmals die Wohlfahrtsexperten der Landesregierungen besagter Länder mit Abgesandten des

Deutschen Roten Kreuzes und der beiden großen konfessionellen Hilfsorganisationen, der Caritas und des Evangelischen Hilfswerks sowie der Arbeiterwohlfahrt (AWO). Hier wurde nochmals festgehalten, dass die Bedürftigkeit der Empfänger bei der Verteilung absolut im Vordergrund stehen müsse und sich der Ausschuss grundsätzlich an die Vorgaben der Spenderorganisation halten solle.

Auf der konstituierenden Sitzung am 20. März 1946 erhielt das Gremium den Namen „Zentralausschuß der freien Wohlfahrtsverbände beim Länderrat für ausländische Liebesgaben", der im Juli 1946 in „Deutscher Zentralausschuß für die Verteilung ausländischer Liebesgaben beim Länderrat des amerikanischen Besatzungsgebietes", kurz DZA, abgeändert wurde. Die Dominanz des kirchlichen Einflusses war nicht nur über die Person des Vorsitzenden, den Leiter des Evangelischen Hilfswerks Eugen Gerstenmaier[7], sondern auch über seinen Stellvertreter, den Repräsentanten der Caritas, derart offensichtlich, dass die Amerikaner darauf drängten, auch Vertreter der öffentlichen Wohlfahrt wenigstens als zwar nicht stimmberechtigte, aber permanente Mitglieder zu akzeptieren. Allerdings waren die Handlungsspielräume bei der Verteilung der ausländischen Hilfsgüter sowieso relativ eng gesteckt – zumindest was die normalen CRALOG-Sendungen anbelangte, da die Militärregierung stets auf eine korrekte Abwicklung des Liebesgabengeschäfts im Sinne der Spender achtete und dem DZA peinlich kontrollierte Rechenschaftsberichte abverlangte. Im Sommer 1946 änderte sich die Situation insofern, als der DZA bzw. seine Untergruppierungen auf ausdrücklichen Wunsch Clays als einzige Organisation die Verteilung der CARE-Pakete zunächst im Bereich der amerikanischen Zone vornehmen durfte und er außerdem über die Verwendung aller undesignierten und nicht zustellbaren CARE-Pakete in Eigenregie entscheiden konnte.

Gerstenmaier verfolgte mit seinen Aktivitäten auch noch andere Ziele als lediglich die hehren einer Notlinderung: In Wahrheit ging es ihm letztlich darum, den Einfluss der Evangelischen Kirche zu zementieren, die bei der Restituierung des politischen und gesellschaftlichen Lebens in der Nachkriegszeit einen Anspruch auf gestaltende

Mitsprache, eine „Rechristianisierung“ mit einer eindeutig antikommunistischen Ausrichtung einforderte. Insofern erscheint es nur logisch, dass sich der Vertreter der AWO, einer Institution, die nicht nur von Gerstenmaier, sondern auch von seinem katholischen Amtskollegen der kommunistischen Infiltration verdächtigt wurde, in regelmäßigen Abständen darüber beklagte, bei Entscheidungen übergangen oder zu informellen Treffen nicht hinzugezogen worden zu sein. Hinzu kam, dass sich der Ausschuss, wenn auch in beschränktem Rahmen, dazu instrumentalisieren ließ, eine vorausschauende Personalpolitik zu betreiben, also Leute mit dem richtigen „background“ einzustellen, deren Dankbarkeit, in Zeiten der Arbeitslosigkeit einen Posten zugeschanzt bekommen zu haben, sich später einmal bezahlt machen würde. Ohnehin waren diese Stellen äußerst begehrt, da ein Teil der Entlohnung in regelmäßigen CARE-Paket-Zuteilungen bestand, ein materieller Gewinn, der in den Verhältnissen der damaligen Zeit mit Gold kaum aufzuwiegen war.

In den sogenannten Frei-Paketen, die den Wohlfahrtsverbänden überlassen wurden, ist einer der Schlüssel zu finden, warum sich die Organisationen bei den CARE-Auslieferungen ungleich stärker ins Zeug legten als etwa bei der Abwicklung der CRALOG-Hilfsgüter. Die Frei-Pakete schlüsselten sich wie folgt auf: Zunächst gab es „Bonus“-Pakete, die als Kompensation für die verwaltungstechnischen Unkosten des Zentralausschusses im Verhältnis 1:20 der ausgelieferten CARE-Pakete berechnet wurden. Die zweite Gruppe nannte sich „Surplus“-Pakete, die als eine Art Dividende vom CARE-Aufsichtsrat von Zeit zu Zeit ausgeschüttet und den am Geschäft beteiligten Wohlfahrtsverbänden überlassen wurden. Als dritte und größte Gruppe zählten zu den Frei-Paketen schließlich diejenigen aus dem „General Relief“-Programm. Dabei handelte es sich um undesignierte Pakete, für die CARE in den USA eigene Werbekampagnen durchführte, besser gesagt: durchführen musste, da die Einwerbung solcher der allgemeinen Nothilfe dienenden Spenden Bestandteil seiner Kooperationsverträge mit den Besatzungsbehörden war. Letztgenannter Pakettyp stellte das eigentliche Instrument zur Einflussnahme der Wohlfahrtsverbände dar, da sie hier nicht nur eine Aufwandsentschädigung im Sinne der „Bonus-“ und „Surplus“-Pakete zugeteilt erhielten, sondern über die gesamten Kontingente der „General Relief“-Pakete, die in erheblichen Mengen ins Land strömten, verfügen konnten, ohne dass CARE eine Möglichkeit der Mitsprache gehabt hätte.

Es ergab sich von selbst, dass die Verfügungsgewalt über diese Sorte von CARE-Paketen, die gegen Ende der 40er-Jahre schließlich rund 70 Prozent aller CARE-Paketlieferungen ausmachte, das politische Gewicht des DZA nicht nur bei der amerikanischen Besatzungsmacht stärken musste, sondern auch bei den deutschen Länderregierungen. Zugleich ließ sich mit ihnen in der Praxis, d. h. bei der Auslieferung an potenzielle Empfänger, trefflich kirchliche Propaganda im oben beschriebenen Sinne treiben: So berichtete 1947 ein amerikanischer Soldat in der Armeezeitung *Stars und Stripes* vom Fall einer ihm bekannten deutschen Familie, die um die Zuteilung eines undesignierten CARE-Pakets bei der zuständigen Ausgabestelle der Evangelischen Kirche nachgesucht habe. Kurze Zeit später seien die Not Leidenden von einer Gemeindehelferin aufgesucht worden, die ihnen mitgeteilt habe, dass sie erst in die Verteilungsliste aufgenommen werden könnten, wenn sie ihre Kinder taufen ließen. Entsprechend dauerte es nicht lange nach Anlandung der ersten CARE-Pakete, bis lästerliche Mäuler die wahren Abhängigkeiten der Zeit mit der Begriffsprägung „die Be-care-ten“ für die Empfänger von Liebesgaben aus der Hand der konfessionellen Wohlfahrtsverbände auf den neuralgischen Punkt brachten.

Daneben versuchten die Verbände sogar noch ein wenig Kasse zu machen, indem sie für die von ihnen ebenfalls zu verwaltenden designierten CARE-Pakete – also diejenigen, auf die sie keinen Zugriff hatten – in den Ausgabestellen Sammelbüchsen aufstellten und die Abholer bedrängten, als kleines Dankeschön einen Obolus zu entrichten. Das Nebengeschäft stieß bei CARE auf wenig Gegenliebe, berührte es doch eines der wichtigsten Geschäftsprinzipien der Organisation auf empfindliche Weise: die Zusicherung völliger Kostenfreiheit für die Empfänger. Obwohl CARE sofort intervenierte, blieben die Kol-

Ikone mit Menschenstaffage: Typische CARE-Präsentationsszene vor dem Katholischen Stadtpfarramt Regensburg, ca. 1949.

lekten in den Ausgabestellen stehen, auch wenn nun mit verschämten Plakaten auf die Freiwilligkeit einer Gabe hingewiesen wurde. Erst 1948 bequemten sich die Ausgabestellen der Verbände dazu, die Sammelbüchsen endgültig zu entfernen, nachdem ihre Oberen endlich begriffen hatten, dass der Ertrag in keinem Verhältnis zur potenziellen Beschädigung ihres Rufs und dem von CARE in den USA stand, was im ungünstigsten Falle ein schnelles Ende des Paketstroms zur Folge hätte haben können.

Überraschend wenig Verluste: Infrastruktur und Sicherheitslage in Deutschland

CARE hatte seinen amerikanischen Auftraggebern per Vertrag zugesichert, dass die von ihnen namentlich adressierten Pakete in einer angemessenen Frist und unbeschädigt beim Empfänger in Deutschland eintreffen sollten, andernfalls man eine unentgeltliche Ersatzlieferung leisten würde. Das Problem dieser Zusicherung bestand hauptsächlich in den Unwägbarkeiten des langen Transportweges. Schon auf der Überfahrt konnte es passieren, dass sich die amerikanischen Matrosen an den Leckereien im Frachtraum vergriffen und die so „angeknabberten" Pakete bei der Löschung in Bremerhaven als Transportschäden deklarierten. Hier nahmen CARE-Beauftragte der im „Haus des Reichs" in Bremen am 15. August 1946 eingerichteten Geschäftsstelle bzw. Transportleitstelle – sozusagen der Deutschlandzentrale – die jeweilige Ladung in Augenschein und verglichen die Ladepapiere mit den bereits zuvor zugesandten Doppeln der Adressanweisungen, zu deren Bearbeitung zunächst die Bremer Sparkasse als Partnerin herangezogen wurde. Sparkassen spielten in der Geschichte der CARE-Lieferungen ohnehin eine wichtige Rolle, da sie, wie z. B. in der französischen Zone, gleichzeitig auch als Ausgabestelle fungierten. Das Löschen der Ladung wurde von deutscher Polizei überwacht, die außerdem zusammen mit amerikanischen Militärpolizisten an den Hafenzugängen Taschenkontrollen durchführte.

Die Überwachungsmaßnahmen zeitigten schnelle Erfolge: Binnen weniger Monate konnte die ursprünglich fünf Prozent betragende „Schwundmenge" einer Ladung auf unter ein Prozent gedrückt

Der Marshall-Plan

Nach dem zwischen 1947 und 1949 amtierenden amerikanischen Außenminister George C. Marshall benannt, handelte es sich hierbei um das wichtigste Wiederaufbauprogramm der USA für Europa. Es umfasste Kredite, Lieferungen von Rohstoffen und Waren aller Art, wurde 1948 gestartet und endete 1952. Dabei bestand der Grundgedanke darin, Hilfestellung zur Selbsthilfe zu geben. Die europäischen Volkswirtschaften sollten so langfristig an die amerikanische gebunden werden. Der Marshall-Plan dürfte einer der wichtigsten Paten an der Wiege des späteren „Wirtschaftswunders" gewesen sein.

werden. So listete die Bremer CARE-Transportleitstelle für das erste Jahr ihrer Tätigkeit bei einer Gesamtmenge von 645 728 Paketen insgesamt nur 1209 vollständig entwendete Stücke auf, weitere 3711 Pakete waren „teilberaubt" oder beschädigt. Teilberaubungen erfolgten im Wesentlichen noch im Hafengebiet, da kundige Diebe sich bald darauf spezialisiert hatten, nur kleine Fenster in die CARE-Pakete zu schneiden, sodass der Schaden erst am Zielort bei näherer Inspektion auffallen konnte. Nach der Umladung auf die Eisenbahn oder auf ein Binnenschiff erfolgte sodann der Transport in eines von mehreren CARE-Hauptlagern in der britischen und amerikanischen Zone, die jeweils von einem der im Zentralausschuss vertretenen Wohlfahrtsverbände betreut wurden. Auf den Einsatz von Lastkraftwagen verzichtete man nicht nur wegen der schlechten Straßen und kümmerlichen Beleuchtung weitgehend, sondern auch wegen potenzieller Straßenräuber, die sich auf Fahrzeugüberfälle spezialisiert hatten – im Nachkriegsdeutschland ein alltägliches, da lukratives Geschäft. Der Freiburger Caritas-Sekretär Dekiert schlug deshalb im November 1946 vor, „den Lastzügen einen Beifahrer mitzugeben, der im Anhänger mit einer Eisenstange bewaffnet Platz nimmt und sofort irgendwelche ‚Springer', die den Wagen berauben wollen, unschädlich macht". Tatsächlich kamen solche Begleitkommandos zum Einsatz, die jedoch nicht jeden Überfall verhindern konnten.

Vom Hauptlager erfolgte der Transport an die 10 bis 20 Ausgabestellen, die einem solchen Hauptlager angeschlossen waren, dann allerdings schon mit Lastwagen. Es liegt auf der Hand, dass bei der Größe des Unternehmens logistische Fehler vorprogrammiert waren, wie etwa einem Schreiben des Josefinen-Damenstifts in Sigmaringen zu entnehmen ist, das sich 1949 entrüstet bei der Auslieferungsstelle der Caritas in Freiburg beschwerte:

> Am 15.8.49 erhielten wir ein Care-Paket. Wir bekamen schon öfters derartige Pakete, in denen jeweils Lebensmittel enthalten waren. Anstatt solchen enthielt das eingangs bezeichnete Paket jedoch 36 Tuben Rasiercreme, für die wir keinerlei Verwendung haben. Wir

> möchten daher um gefl. Übersendung eines anderen Paketes, das Lebensmittel enthält, bitten.

Gleichwohl lag die Zahl derartiger Pannen äußerst niedrig, was eher hinsichtlich der abwickelnden deutschen Stellen erstaunt, da CARE selbst sich modernster Datenverarbeitung bediente und schon in den 40er-Jahren die Adressanweisungen mit dem damals bestmöglichen System, der Lochkartentechnik, verwaltete.

Die CARE-Pakete reizten nicht nur dazu, durch schlichten Mundraub quälenden Hunger zu stillen, sondern stellten selbstredend auch einen hohen Schwarzmarktwert dar: In Berlin hatte sich z. B. ein junger Mann ein amerikanisches Telefonbuch besorgt, über 800 Bettelbriefe in die USA geschickt und tatsächlich 90 Pakete von gutmütigen Spendern erhalten, deren Inhalte er teilweise gegen Gold und Schmuck tauschte. Er war keineswegs der Einzige, der sich dieser vorteilhaften Methode bediente, und die Gaunereien sprachen sich in der amerikanischen Wohlfahrtsszene schnell herum. So erhielt die bekannte Freiburger Volkswirtin und Familienfürsorgerin Gertrud Luckner, die nach 1945 bei der Caritas die Abteilung Verfolgtenfürsorge leitete und, infolge ihrer Tätigkeit sozusagen als Einpersonen-Verteilungsstelle für CARE-Pakete agierend, intensive Briefwechsel in die USA zu befreundeten Wohlfahrtsorganisationen unterhielt, von einer ihrer amerikanischen Ansprechpartnerinnen, einer Quäkerin, im Oktober 1947 ein entsprechendes Schreiben. Darin zeigte sich die Verfasserin erstaunt darüber, von einem ihr völlig Unbekannten aus Paderborn einen Brief erhalten zu haben, mit dem er um die Zusendung eines CARE-Pakets bat. Gertrud Luckner sollte nun ausfindig machen, ob es sich bei dem Bettelbriefschreiber eventuell um einen Menschen mit übler Vergangenheit handeln könnte: „Naturally I don't care to help any former Nazi! If you ever get to Paderborn, please see if you can investigate this man."

Der – eher vereinzelte – Missbrauch ausländischer Hilfsgüter, insbesondere der CARE-Pakete, veranlasste schließlich die Verwaltung des Länderrats der amerikanischen Zone, eine Gesetzesvorlage zu formulieren, der zufolge der Tausch und die Weitergabe von humanitären Hilfsgütern zum Zwecke gewerbsmäßiger Absicht mit Geld- oder Gefängnisstrafen geahndet werden sollte. Das Gesetz wurde am 1. Oktober 1947 beschlossen.

Boten des Wohlstands: Das CARE-Paket-Programm

„An einem kalten Wintermorgen hat der Amtsdiener einen Berechtigungsschein für ein Carepaket gebracht. Es war ein großes Carepaket damals, das mit dem Handwägele auf dem Rathaus abgeholt worden ist. Voller Erwartung standen wir Kinder um den Küchentisch herum, als der Karton aufgeschnitten wurde. Ja, aufgeschnitten, auch dieses war völlig neu. Die Feldpostpakete für unsere Soldaten im Krieg sind allesamt mit einer Schnur verknotet gewesen. Was Wunder, dass nun dieser, mit breiten Klebestreifen versehene gelbe, stabile Karton uns wie von einem anderen Stern kommend erschien. Noch mehr erstaunt waren wir über den Inhalt: Erdnussbutter!? Noch nie hatten wir etwas von Erdnussbutter oder Erdnüssen gehört." So oder ähnlich wie diese Erinnerungen[8] einer 1935 geborenen Tübingerin lesen sich fast alle Berichte, in denen aus der Kindheit oder Jugend in den bitteren Nachkriegsjahren erzählt wird. Das CARE-Paket brach in die ärmlichen Behausungen wie der unverhoffte Lichtstrahl aus einer fernen, besseren Zukunft ein und vielen erschien der unverwechselbare Karton mit der Aufschrift „C.A.R.E. – U.S.A." und seinem staunenswerten Inhalt schlicht als ein Wunder. Immer aber waren es die „fremdländischen" Waren wie hier die Erdnussbutter, welche die Menschen vor Ehrfurcht fast erstarren ließen, da sie als Signifikanten einer Luxuswelt auftraten, über deren Existenz die Deutschen bestenfalls vom Hörensagen wussten – ein Effekt, der für den geschäftlichen Erfolg der CARE-Organisatoren eine wesentliche Rolle spielte.

Im Mai 1946 landete erstmals im französischen Le Havre ein Dampfer mit CARE-Paketen. Rund zwei Monate später, am 15. Juli 1946, machte mit der „American Ranger" der erste für Deutschland

Konkretisierter Traum in zarten Händen: Abladen von CARE-Paketen im Hof des Erzbischöflichen Palais' Freiburg, ca. 1949.

bestimmte am Kai in Bremerhaven fest. Seine Ladung bestand aus 35 700 Paketen. Danach liefen monatlich zwischen 12 und 15 Schiffe ein, und die Zahl der eingehenden Pakete pegelte sich zwischen 80 000 und 90 000 pro Monat ein. Im September 1949 ergab eine Zählung der Bremer Transportleitzentrale den Eingang von über 1,7 Millionen Paketen im Gesamtwert von über 16 Millionen Dollar. Bis zum 1. März 1947 offerierte CARE ausschließlich die erwähnten „Ten-in-One"-Überschussrationen der Armee, danach entwickelte die Organisation rasch eine eigene, sich mehr und mehr diversifizierende Produktpalette.

Im ersten eigenen Lebensmittel-Standardpaket, das 1947 zusammengestellt wurde, befanden sich Konserven mit Steak und Niere, Rindfleisch in Sauce, Salzfleisch und Haschee, Speck, Honig, eingemachte Früchte, Margarine, Pflanzenfett, Mehl, Kaffee, Trockenmilch, Reis, Zucker, Rosinen, Schokolade, Trockenei und Seife; insgesamt wog es zehn Kilogramm. Bald gab es aber auch Pakete für bestimmte Zielgruppen, wie die verschiedenen Baby- und Kinderpakettypen zeigen, aus deren Vielzahl der 1951 angebotene Typ 60 erwähnt sei, der unter dem Namen „Baby Layette" firmierte, 11 Dollar kostete und neben vielen Cremes und Pudern eine Nabelbinde, sterile Watte und natürlich Baumwolljäckchen und -höschen sowie mehrere Säuglingsflaschen enthielt. Es gab Strickwoll-Pakete (Typ 87), bei denen sogar an ein Bandmaß, ein Nahtband und an Knöpfe gedacht war, die in einem separaten Umschlag beigefügt waren.

Im Winter 1951/52 hatte das Wirtschaftswunder noch keineswegs bei allen Menschen an die Tür geklopft, sodass sich für CARE als einmalige Sonderaktion das Anbieten eines speziellen Kohlen-Pakets, in dem sich ca. sechs Zentner Braunkohlebriketts aus Holland befanden und das in 28 Städten zur Verteilung gelangte, immer noch lohnte, eine Aktion, die in der Presse natürlich gebührend gefeiert wurde. Den speziellen Nahrungsgewohnheiten der deutschen Empfänger versuchte man mit einem eigens kreierten „German Food"-Paket (Typ 36) nachzukommen, wobei anscheinend die dafür durchgeführte Recherche ein wenig schlampig ausgefallen war, da es neben dem obligatorischen Kaffee, dem Kakao und der Schokolade eben auch typisch Angelsächsisches wie bittere Orangenmarmelade oder Corned Beef enthielt. Was angesichts der mörderischen Konsequenzen des Holocaust überraschen mag, war das Angebot eines auch in Deutschland erhältlichen „Kosher Food"-Pakets (Typ 37) für zehn Dollar. Doch tatsächlich gab es auch hier noch einige wenige Juden, die überlebt hatten.

Etwa ab 1950, als die nackte Hungersnot der frühen Jahre mehr und mehr aus dem Alltag verschwand, entwickelte CARE ein Sonderprogramm, um direkt in Deutschland neue Zielgruppen erschließen zu können. Es handelte sich dabei um sogenannte Selbsthilfe-Pakete, die den Adressaten den Aufbau einer eigenen Existenz ermöglichen sollten. Die Zusammenstellungen liefen nur dem Namen nach noch unter dem Begriff Paket – hatte der doch fast die Qualität eines eingetragenen Warenzeichens –, doch handelte es sich eigentlich um Werkzeug-Ausrüstungen. Diese konnten zwar nach wie vor von amerikanischen Spendern erworben werden, allerdings nur in Form der „General relief"-Anweisungen, also nicht als designierte „Person-to-person"-Gabe. Die Auslieferung erfolgte auch nicht über deutsche Wohlfahrtsverbände, sondern direkt über die CARE-Transportleitstelle in Bremen. Derartige „Tool Kits" gab es als Erstausstattungen für angehende Tischler, Schreiner oder Gärtner, man offerierte aber auch Nähmaschinen für Frauen, die sich als Schneiderinnen versuchen wollten.

Ganz auf das gesellschaftspolitische Problem der Flüchtlingsfrage zugeschnitten war ein ab 1952 offeriertes „Neusiedler"-Paket, das eine Bogensäge, einen Spaten, eine Schaufel, eine Hacke, eine Axt, einen Hammer und eine Kneifzange umfasste. Es kostete 75 DM – zur damaligen Zeit sehr viel Geld –, und beziehen konnte es jeder Bedürftige, dessen Einkommen nachweislich äußerst niedrig war und der in keiner Stadtwohnung lebte, sondern in einer Dauerlaube, Nissenhütte oder einer anderen provisorischen Unterkunft hauste.

Die Bedürftigkeit des Beziehers wurde mit einem Fragebogen der städtischen Sozialämter ermittelt. An den Kosten beteiligte sich auch

Der Kalte Krieg

Unter dem Begriff „Kalter Krieg" ist die ideologische, wirtschaftliche, durch Wettrüsten und militärische Interventionen gekennzeichnete Auseinandersetzung zwischen den Supermächten USA und UdSSR samt ihrer jeweiligen Bündnispartner in der Zeit von etwa 1947 bis zur Auflösung der Sowjetunion 1990 zu verstehen. Den Begriff prägte der amerikanische Regierungsberater Bernard Mannes Baruch in einer Rede am 16. April 1947, in der er seinen Plan zur internationalen Atomwaffenkontrolle erläuterte; popularisiert wurde er im selben Jahr durch den Journalisten Walter Lippmann mit dem Buch „The Cold War".

der Bund, da er ein gesteigertes Interesse hatte, die Flüchtlinge und Vertriebenen so schnell wie möglich in die neue Bundesrepublik zu integrieren.

Derlei Warenangebote, zu denen u. a. Bettgarnituren, Haushaltsgeschirre oder Brautkleider zu zählen wären, die ein Empfangsberechtigter ohne Umschweife in einem Fachgeschäft, das eine entsprechende Vereinbarung mit CARE getroffen hatte, abholen konnte, bezeugen einen grundsätzlichen Wandel der Geschäftslage: Schon in der ersten Hälfte der 50er-Jahre, eigentlich schon kurz nach Gründung der Bundesrepublik, machte sich der Rückgang an designierten Paket-Anweisungen fühlbar bemerkbar, da mittlerweile der normale Postverkehr wieder funktionierte und sich das weltpolitische Augenmerk der Amerikaner auf andere Krisenherde, etwa 1950 den Koreakrieg, richtete.

CARE musste sich auf die neuen Gegebenheiten einstellen, wollte das Unternehmen im Gegensatz zu anderen Hilfsorganisationen seine Arbeit nach Überwindung der unmittelbaren Nachkriegsnot nicht einstellen. Zur Umstrukturierung gehörten die genannten Erweiterungsangebote, der Versuch, Deutschland als neuen Spendermarkt zu erschließen, eine weltweite Ausdehnung des Engagements, die sich ab 1952 durch eine Umbenennung in „Cooperative for American Relief to Everywhere" ausdrückte und die vermehrte Beteiligung an staatlich geförderten Hilfsgüterlieferungen und humanitären Förderungsprogrammen. Was das klassische Betätigungsfeld der persönlichen Gabe „from-person-to-person" betrifft, wurde der Geschenkpaket-Service für Deutschland konsequenterweise Ende 1955 eingestellt.

Brücke der Verständigung: Der Dank der Empfänger und die CARE-Werbung

„Am 1.8.47 erhielt ich durch den Caritasverband Stuttgart ein ganz herrliches Liebesgabenpaket und will ich hierdurch dem unbekannten Spender meinen herzlichsten Dank aussprechen. Ich freue mich besonders über alle Maßen, daß außer den guten Lebensmitteln auch ein Pfund Fett darin war, zumal wir in dieser Woche keinerlei Fettzuteilung erhalten, was wohl einem Amerikaner kaum glaublich erscheint." Dankesbriefe wie dieser lassen sich in den Archiven zu Hunderten finden. Es handelt sich bei den Schreibern wie der hier zitierten Hausfrau aus Ludwigsburg, die ursprünglich aus Breslau stammte und die als Flüchtling in der schwäbischen Hauptstadt gestrandet war, stets um Empfänger von CARE-Paketen, die zum „General Relief"-Kontingent gehörten.

Warum sich aber dermaßen viele Briefe erhalten haben, ergibt sich aus folgendem Umstand: Nicht nur war jedem Paket ein Begleitschreiben der New Yorker CARE-Zentrale beigelegt, das die Empfänger dezidiert aufforderte, ein möglichst persönlich gehaltenes Dankschreiben an den „unbekannten Spender" zu formulieren, welches sie bei der Verwaltungsstelle des zuständigen Wohlfahrtsverbandes abgeben sollten, sondern auch die Ausgabestellen waren angewiesen, bei Abholung des Pakets dem Empfangenden die Dringlichkeit einer Danksagung ans Herz zu legen.

Und in Rundschreiben der mit der Abwicklung der CARE-Pakete betrauten Wohlfahrtsverbände untereinander wie einem der Bremer Pressestelle des Deutschen Caritasverbandes vom September 1947 wurde stets darauf hingewiesen, solche Dankadressen bei den Empfängern massiv anzumahnen:

> Vergessen Sie nicht: Jeder Spender gibt mit freudigerem Herzen ein zweites Mal, wenn ihm ein herzliches ‚vergelt's Gott' sagt, daß seine Gabe einem Ärmsten der Armen geholfen hat.

Aus den bei ihnen einlaufenden Dankbriefen stellten die Wohlfahrtsverbände Sammelmappen mit den aussagekräftigsten Zeilen zusammen und schickten sie entweder direkt an die CARE-Zentrale oder an den DZA, die anderen wanderten in die Ablage und sind deshalb heute noch vorhanden. Sowohl in Deutschland, vor allem aber natürlich in den USA, wurden besonders markante Dankesworte häufig in der

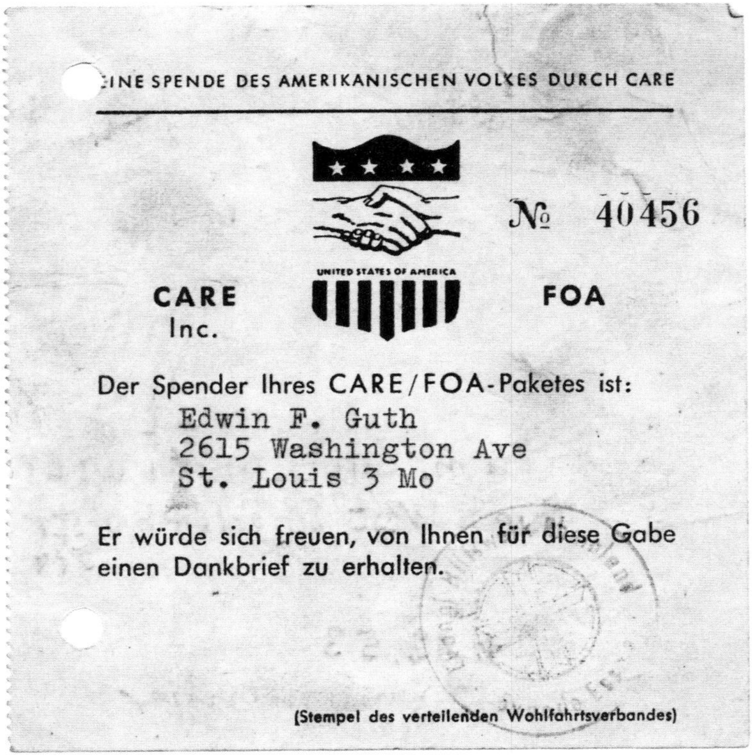

EINE SPENDE DES AMERIKANISCHEN VOLKES DURCH CARE

UNITED STATES OF AMERICA

№ 40456

CARE Inc.

FOA

Der Spender Ihres CARE/FOA-Paketes ist:
Edwin F. Guth
2615 Washington Ave
St. Louis 3 Mo

Er würde sich freuen, von Ihnen für diese Gabe einen Dankbrief zu erhalten.

(Stempel des verteilenden Wohlfahrtsverbandes)

Das Danken nicht vergessen: Beipackzettel zu einem CARE-Paket für einen Empfänger in Essen, ausgehändigt im Dezember 1953 durch die örtliche Ausgabestelle des Evangelischen Hilfswerks.

Presse veröffentlicht, was die Spendenbereitschaft ungemein ankurbelte, da sie als authentische Zeugnisse der Not galten.

Als ein beredtes Beispiel, welche Saiten ein solcher Brief zum Klingen bringen sollte, sei hier aus einem im Januar 1948 in der Verbandszeitschrift des Deutschen Roten Kreuzes veröffentlichten Schreiben eines Schwerkriegsbeschädigten aus der britischen Zone zitiert, das wohl als Musterbrief für die eigenen CARE-Verwalter die völkerverständigende Funktion des Pakets in den Vordergrund rückte:

> Sie haben mit Ihrem Opfer, welches Sie für einen unbekannten früheren Feind brachten, eine Brücke über den Ozean des Völkerhasses und des Unverstandes geschlagen. Auf dieser Brücke tauschen sich unsere Seelen aus. Sie gaben Ihr Opfer aus der edlen Tugend des Nachempfindens einer fremden Not und ich nehme dieses Opfer, um Ihnen nun den freudigen Dank auf diese Brücke zu tragen.

Die Reaktion der Amerikaner, die solche Dankesbriefe erhielten, war, wie entsprechende Rückmeldungen seitens der New Yorker Zentrale dokumentieren, ganz im Sinne des beabsichtigten Werbeeffekts denn auch entsprechend enthusiastisch. Noch im Mai 1956, als die Vermittlung von persönlich adressierten CARE-Paketen längst eingestellt war und auch diejenige mit undesignierten auf der Stelle trat, unterrichtete George B. Mathues, der damalige Chef der CARE-Mission für Deutschland, seinen Verbindungsmann in der Bremer Stabsstelle mit ein paar Zitatausschnitten von der überaus positiven Aufnahme solcher Dankadressen bei den Spendern:

> Kürzlich erhielten wir einige Zeilen von einer Dame, die schrieb, daß sie uns Weihnachten eine Spende geschickt und dabei ausdrücklich angegeben hätte, daß nichts davon nach Deutschland oder Japan gehen sollte, da diese Länder ‚ihr Leben ruiniert' hätten. Jedoch sei aus Versehen ein Teil ihrer Spende nach Deutschland gegangen. Und sie habe den wunderbarsten Dankbrief von der deutschen Familie bekommen, die das Paket erhalten hat. Sie wollte uns daher wissen las-

sen, daß sie uns nicht böse darum sei, daß ein Teil ihrer Spende nach Westdeutschland ging und außerdem findet sie, daß CARE eine wunderbare Organisation ist.

Doch nicht nur Dankesbriefe waren bei der Werbearbeit gefragt, auch Fotos glücklicher Empfänger, kurze Berichte von Ausgabestellen über ihre Tätigkeit, Statistiken aller Art, „um dem Ausland von uns laufend ein wahrheitsgetreues und wirklichkeitsnahes Bild unserer Not zu vermitteln", wie die erwähnte Bremer Pressestelle der Caritas weiter ausführte, um dann die entscheidende Conclusio zu ziehen, dass „ohne diese aufklärende Werbearbeit der Liebesgabenfluß nach Deutschland nachlassen muß".

Direkt nach seiner Zulassung hatte CARE getreu seiner Selbstdefinition eine nach kommerziellen Prinzipien arbeitende Vermittlungsagentur zu sein, als eine seiner ersten Maßnahmen eine eigene Werbeabteilung installiert. Noch bevor überhaupt ein einziges Paket verschifft worden war, verschlangen die damit verbundenen Maßnahmen – neben den Kosten für den Verwaltungsaufbau – rund 20 Prozent der ursprünglichen Anschubfinanzierung. Schon 1946 überhäufte die Werbeabteilung flächendeckend alle erreichbaren Tages- und Wochenzeitungen, Magazine und Illustrierten mit Anzeigen und redaktionellen Werbungen.

CARE gewann Filmschauspieler als Multiplikatoren wie den auf dem Titelfoto dieses Buches zu sehenden Joseph Cotten, bekannt aus Filmen wie *Citizen Kane* und *Der dritte Mann*, den beliebten Mantel- und Degenfilmdarsteller Douglas Fairbanks jr. oder die göttliche Marlene Dietrich und ermunterte andere Prominente wie den Boxer Joe Louis zu Grußadressen und lobenden Worten. Eine der zugkräftigsten Anzeigenwerbungen sprach 1947 das Publikum direkt an:

Wie kann ich direkt, schnell und sicher meinen alten Eltern in Polen, meinem Onkel in Deutschland, meinem Vetter in Frankreich, meinem alten Lehrer in der Tschechoslowakei, meine Freunden in Finnland Hilfe bringen?

Dass sich niemand dieser Herzensverpflichtung ohne schlechtes Gewissen entziehen konnte, wurde hier natürlich unterschwellig mittransportiert.

Im ganzen Land baute CARE eigene Verkaufsstellen für die Adressanweisungen auf, zudem gelang es, in den großen Warenhäusern entsprechende Verkaufsstände zu etablieren oder zumindest die Geschäftsführer zu überreden, ein Schaufenster, das mit einem CARE-Paket bestückt war, als kostenlose Werbefläche zur Verfügung zu stellen. Das überall unübersehbar platzierte Kürzel C.A.R.E., binnen kürzester Zeit zum landesweit bekannten Logo avanciert, half bei diesen Dauerwerbe-Einrichtungen nachhaltig, das Renommee der Organisation erheblich zu steigern. Daneben belieferte die Werbeabteilung rund 1000 Rundfunkstationen mit pfiffigen Werbespots, die meist kostenlos ausgestrahlt wurden. Ab 1947 lief bei ABC Network eine wöchentliche 15-Minuten-Sendung unter dem Titel „We care", in der neueste Frontberichte vom europäischen Hungerkriegsschauplatz, mit Vorliebe aus dem deutschen Trümmerland, gesendet wurden und in der sich Schauspieler oder andere Prominente lobend über die Organisation äußerten. Gleichfalls ab 1947 konnte in den Kinos ein zwanzigminütiger Werbefilm gezeigt werden, in dem natürlich auch entsprechende Bilddokumente vom Elend eingeflochten waren, der aber vor allem in positiv gestalteten Szenen von der Freude eines Paketspenders in Amerika und vom überbordenden Glück eines Empfängers bei Entgegennahme eines CARE-Pakets erzählte. Der Film sollte schließlich nicht schockieren, sondern in erster Linie die Spendenbereitschaft beflügeln.

Die äußerst positive Resonanz des Publikums auf den Film ermutigte den Geschäftsführer des deutschen Caritasverbandes, im Juni 1947 über ein ähnliches Projekt nachzudenken, auch wenn ihn hinsichtlich des Wohlergehens seiner Organisation ganz andere Beweggründe motivierten: „Die intensive CARE-Werbung könnte dazu führen, daß zu viel an Hilfe an adressierte Empfänger fließt, so daß für Gemeinschaftshilfe zu wenig übrig bleibt" – soll heißen: zuwenig Pakete aus dem „General Relief"-Kontingent in die Verfügungsgewalt der Wohlfahrtsverbände gelangten. Ihm schwebte daher ein Film vor, der unter dem Titel *Sühne und Versöhnung* ein Deutschland zeigen sollte, „wie es wirklich ist, seine Städte, seine Menschen, den Verarmungsprozeß. Unter ‚Versöhnung' die Tätigkeit der Auslandshilfe. Also ein Film des Dankes, der die völkerversöhnende Macht der Liebe aufzeigt". Mit Blick auf das amerikanische Publikum wollte er nach so viel christlicher Vorarbeit auf den eigentlichen, den tieferen Sinn der Auslandshilfe zusteuern: „Aber das Wesentliche, worum es in Deutschland wirklich geht, ist ja heute vollkommen sichtbar geworden: Die Entscheidung ‚Christentum oder Kommunismus'."

Auch ohne über die finanziellen und technischen Ressourcen zu verfügen, auf die CARE für seine Kampagnen in den USA zurückgreifen konnte, versuchte man in Deutschland, das ohnehin schon positive Bild von CARE in der öffentlichen Meinung mit bescheideneren Mitteln, z. B. einschlägigen Zeitschriftenreportagen, weiter auszubauen. Vorrangig geschah dies in den Illustrierten der amerikanischen Militärregierung – deutsche wurden erst Ende 1947, Anfang 1948 zugelassen – wie in der Ausgabe vom 1. Juli 1947 der in München erscheinenden Illustrierten *Heute*, in der sich unter dem Titel „Gruß an die alte Heimat" ein ausführlicher Bericht nebst großzügiger Bebilderung über die Verteilung einer Spende von 650 CARE-Paketen ausgewanderter Pforzheimer an ihre alte Heimatstadt finden lässt.

Der geschäftsführende CARE-Direktor Paul C. French, gerade auf Deutschlandbesuch weilend, eilte persönlich in die Schmuckstadt, um auf dem Marktplatz die Verteilung der Pakete vorzunehmen. Natürlich wurde diese Aktion entsprechend in den Presseorganen der USA kommuniziert, da die Bilder – ausgemergelte Gestalten drängeln sich vor pittoresker Ruinenlandschaft um das „Manna", die aufgeschichteten CARE-Pakete, die der lächelnde Vertreter einer besseren Welt großzügig austeilt – kaum zu toppen waren, um dem amerikanischen Publikum die segensreichen Wirkungen des CARE-Paketdienstes zu verdeutlichen.

Fetischcharakter eines Produkts: Der CARE-Mythos

Kaum einer erinnert sich heute noch an die Tonnen mit norwegischem Fisch, an die Waggons mit Molkereiprodukten aus der Schweiz oder gar an die argentinischen Dampfer mit Rindfleischkonserven, die als kostenlose Spenden neben den umfangreichen US-Lieferungen des CRALOG und anderer Verbände das hungernde Nachkriegsdeutschland mit Nahrung versorgten. Im kollektiven Gedächtnis der Deutschen schnurrte die weltweite Auslandshilfe auf einen quantitativ eher kleinen Ausschnitt der unglaublichen Hilfswelle zusammen, indem sie synonymisch auf die CARE-Pakete übertragen und reduziert wurde: Dass diese zu metaphorischen „Leuchttürmen" der Freiheit und des Wohlstands im tristen Nachkriegsalltag aufsteigen konnten und der Zeitraum zwischen 1946 und 1949 auch oft als „Zeit der CARE-Pakete" kommuniziert wurde (und wird), hat mehrere Gründe: Die Geburtsstunde des mit den Paketen verbundenen Mythos begann eigentlich schon mit der Wahl des Namenskürzels C.A.R.E., das in seiner verbalisierten Form „to care" = „sorgen für" wie kein anderes das Anliegen der Organisation im englischen Sprachraum idealtypisch transportieren konnte. Es war wohl einer der wirkungsvollsten Werbeslogans, der je erfunden wurde, erfüllte er doch eine der erstrebenswertesten Forderungen der Reklametechnik, die Formel des „reduced to the maximum" auf vorbildliche Weise. Auch wenn die Deutschen nach 1945 zunächst nur über geringe englische Sprachkenntnisse verfügten, wusste wohl jedes Schulkind, was dieser Slogan bedeutete, zumal sich das Wort binnen kürzester Zeit zum weltbekannten Logo verdichten ließ.

Den Mythos befördern half zum zweiten die „Unique Selling Proposition", die das Unternehmen im Hilfsgütermarkt dank seiner Geschäftsidee besaß: CARE war die einzige Organisation, die dezidiert und ausschließlich Geschenkpakete offerierte. Daneben wies der logistische Umgang mit der Spende sowohl für den Geber als auch für den Empfänger nicht nur eine beispiellose Transparenz auf – die von

Berlin-Blockade und Luftbrücke

Den unmittelbaren Anlass der Berliner Blockade durch die UdSSR stellte die am 23. Juni 1948 erfolgte Währungsreform in den Westzonen dar. Letztlich sollten die Alliierten zum Abzug aus Westberlin genötigt werden. Ab dem 24. Juni blockierten die Sowjets sämtliche Straßen, Schienen und Wasserwege. Offen blieben nur drei Luftkorridore. Hierüber gelang es, am Ende alle drei Minuten einen der berühmten „Rosinenbomber" landen zu lassen. Schließlich hoben die Sowjets am 12. Mai 1949 die Blockade auf.

anderen Hilfsgüter versendenden Vereinigungen aus unterschiedlichen Gründen niemals erreicht werden konnte –, sondern er erhob die gesamte Aktion in den Rang der Einmaligkeit, so, als ob es sich um ein Unikat handele: ein Spender zahlt einen Betrag für ein Paket, das an einen Empfänger über einen direkten Transportweg geschickt wird. Zum dritten wurden die ansonsten anonymen Hilfsgütersendungen nicht nur individualisiert, sondern vor allem personalisiert, indem ein „Freund in Amerika" – so die logisch-konsequente Werbung von CARE – vordergründig als handelndes Individuum auftrat. Die damit verbundene „Face-to-Face"-Situation, auch wenn sie nur virtuell war, griff die archaischste Form der Begegnung zweier Feinde auf dem Schlachtfeld auf und widmete sie positiv um: Der ehemalige Feind entpuppt sich als Freund, der hilft.

Über den Mythos hinausgehend, ihn in jedem Falle aber befördernd, dürfte hier der wesentlichste Beitrag von CARE zur Völkerverständigung im anthropologischen Sinne zu finden sein – von den Bedingungen des politischen Annäherungszwangs zwischen Amerikanern und Deutschen infolge der Anforderungen des Kalten Krieges einmal abgesehen. Darüber hinaus erfüllte CARE mit dem persönlich adressierten Paket die uns schon bei den Liebesgaben im Ersten Weltkrieg begegnende Sehnsucht des einzelnen Menschen nach der individuellen, nur für ihn bestimmten Gabe, die ihm das demoralisierende Gefühl des Alleinseins bzw. des Alleingelassenseins nahm.

Schließlich half die exzessive Werbung, die CARE für seinen Lieferservice veranstaltete, den Mythos befördern. Auch hierbei wurde Wert darauf gelegt, die Corporate Identity des Unternehmens und seines Produkts zu betonen, ob es nun mittels Presseartikeln zu beiden Seiten des Atlantiks oder bei den werblichen Auftritten in den USA, beispielsweise über die Verkaufsstellen oder über Schaufensterdekorationen in Warenhäusern, geschah.

Oder indem man sich in politischen Krisensituationen tatkräftig und publicityträchtig engagierte wie etwa bei der Berliner Blockade 1948/49, als CARE rund 250 000 Pakete mit eigens gecharterten Maschinen der American Overseas Airlines seinen Beitrag zur lebensspendenden Luftbrücke leistete. Immer aber stand bei allen werblichen Aktivitäten das Paket im Vordergrund, ganz gleich, ob es sich um Bilder von der Luftbrücken-Aktion oder „nur" um Fotos der Nothilfe in Trümmerdeutschland handelte.

Wichtigste Voraussetzung dafür und für den mythischen Aufstieg war das unverwechselbare Design der ab 1947 verabfolgten Kartons. Ein CARE-Paket, stets gleich bedruckt (nur die Mengenangaben schwankten je nach Inhalt), stets als hellbrauner stabiler Pappkarton auftretend, immer umwunden von den anfangs bestaunten schwarzen Riemchen, die den Karton zur Transportsicherung verstärkten – und damit die Solidität der Organisation wie des Inhalts signalisierten –, konnte schon von weitem als solches identifiziert werden. Auch hier wurde der reklametechnische Grundsatz: „ändere nie das Gesicht einer erfolgreichen Marke" bis aufs I-Tüpfelchen erfüllt. Der Inhalt der Pakete übertraf dann meistens die Erwartungen, die schon die Verpackung signalisiert hatte: CARE legte von Anfang an Wert darauf, mit hochwertigen, für deutsche Verhältnisse oft exotisch anmutenden Produkten wie der erwähnten Erdnussbutter seine Pakete zu bestücken, um den Empfänger in Erstaunen zu versetzen, ihm das Gefühl zu vermitteln, das Paket sei ein kleines Wunder. Das konnte dem CRALOG als dem zweiten großen privaten Hilfsgüterlieferanten niemals gelingen, obwohl seine Sendungen nicht nur mengenmäßig die von CARE um Längen übertrafen.

Stillleben mit CARE-Paket: Teilansicht der Küche des Seemannsheims Hamburg, ca. 1950.

Das Problem von CRALOG war, dass seine Waren unter praktischen Gesichtspunkten nur die Grundbedürfnisse der Menschen befriedigten: Sie wurden zwar im wahrsten Sinne des Wortes ge- und verbraucht und stellten damit das Überleben sicher, strahlten aber weder von der Präsentation noch vom Warencharakter her irgendeine Exklusivität aus. Sie konnten niemals wie das Warenangebot von CARE einen Fetischcharakter erreichen. Dass sich dabei, neben der erwünschten Reaktion der positiven Überwältigung der Gefühle, die sich in Amerika als Kaufanreiz so erstklassig vermarkten ließ, im Sinne der Initiatoren von CARE auch antikommunistische Immunität im beginnenden Kalten Krieg Paket für Paket einnistete, sollte und brauchte der Empfänger ja nicht unmittelbar begreifen.

Wohlfahrt im Kalten Krieg: Das Westpaket

Bereits kurz nach Kriegsende gelangte ein Teil der für Deutschland vorgesehenen Hilfslieferungen aus dem westlichen Ausland auch in die „Ostzone“. Die Sowjetische Militäradministration (SMAD) zeigte sich hinsichtlich der Einfuhr zunächst überraschend kooperativ, konnte doch so die Ernährungslage der Bevölkerung aufgebessert werden. Eine Sonderrolle bei der Versorgung mit Lebensmitteln spielte vor allem das in den Westzonen wirkende Hilfswerk der evangelischen Kirche, das die Menschen jenseits der Demarkationslinie mit umgewidmeten CRALOG-Gütern belieferte und für diesen Zweck in Magdeburg ein eigenes Verteilungslager unterhielt. Ganz unproblematisch war jedoch diese Liebesgaben-Einschleusung von vornherein nicht, da die Direktive Nr. 43 des Alliierten Kontrollrats vom 29. Oktober 1946 den Polizeibehörden der SBZ die Möglichkeit an die Hand gab, etwa an den Zufahrtsstraßen in die Westsektoren Berlins verschärfte Kontrollen durchzuführen, vorgeblich, um „Wirtschaftssabotage und Schwarzmarkthandel“ einzudämmen, vor allem aber, um aus ideologischen Gründen die kirchlichen Transporteure zu schikanieren.

Je mehr nach der Verkündung der Truman-Doktrin der Geist des Kalten Krieges die Verhaltensweisen auf beiden Seiten der Demarkationslinie in Deutschland regierte, desto stärker war auch der Paket- und Liebesgabenverkehr in die Ostzone davon betroffen. Zunächst reagierten die Sowjets im Herbst 1947 mit ihrer Direktive Nr. 29, in der sie die Einrichtung von Hauptzollämtern anordneten, die eine effektivere Kontrolle des innerdeutschen Handels gewährleisten sollten. Eine weitere Verschärfung erfolgte im Zusammenhang mit der Berliner Blockade zwischen Juni 1948 und Mai 1949. Während von Westseite als Reaktion auf die Abschneidung der Stadt sämtliche Hilfslieferungen in die SBZ für die Dauer der Blockade ausgesetzt wurden, richtete gleichzeitig die „Volkssolidarität", das östliche Wohlfahrtswerk, eine „Arbeitsgemeinschaft Liebesgaben" ein, deren Zweck nach Wiederaufnahme der Westlieferungen weniger darin bestehen sollte, als Koordinationsinstanz die Waren einer möglichst gerechten Verteilung zuzuführen, sondern vor allem die relativ eigenmächtig operierenden westlichen Kirchen-Hilfsorganisationen an die reglementierende Kandare zu nehmen. Ab dem Frühjahr 1949 durften Liebesgaben nur noch in die SBZ eingeführt werden, wenn ein Vertrag zwischen der westlichen Hilfsorganisation und dem Zentralausschuss der Volkssolidarität vorlag. Es dürfte auf der Hand liegen, dass die Funktionäre der sowjetzonalen Wohlfahrtsorganisation missliebige Hilfsorganisationen – und dazu zählten vor dem Hintergrund des mittlerweile „etablierten" Kalten Krieges im Grunde alle westdeutschen – so schon im Vorfeld des potenziellen Gütertransfers ausschließen konnten.

Eine Verbesserung der spannungsgeladenen Situation trat auch nicht mit der Eröffnung des offiziellen Postverkehrs zwischen den

Die Truman-Doktrin

Die Verkündung der Truman-Doktrin am 12. März 1947 gilt als Geburtsstunde des Kalten Krieges. An diesem Tag hielt der amerikanische Präsident Harry S. Truman eine Rede vor dem Kongress, um die Bewilligung von Geldern zu erwirken, mit denen Griechenland und die Türkei in ihrem „Abwehrkampf" gegen kommunistische „Umtriebe" unterstützt werden sollten. Dabei führte er u. a. aus, dass jede Nation in Zukunft zwischen westlicher Demokratie und Kommunismus wählen müsse, womit die für die nächsten Jahrzehnte gültige Zwei-Lager-Theorie des Kalten Krieges formuliert war.

Die Volkssolidarität

Ziel der am 24. Oktober 1945 gegründeten „Volkssolidarität" (VS), im späteren DDR-Volksmund kurz „Soli", war es, die Not in der unmittelbaren Nachkriegszeit lindern zu helfen. Nach und nach baute die VS ein flächendeckendes Netz von Wohlfahrtseinrichtungen auf. Schon eingangs der 50er-Jahre durfte die VS allerdings nur noch Rentner betreuen. Die „innere Wende" der noch heute existierenden Organisation dokumentiert ihr neuer Werbeslogan, Hilfe leisten zu wollen „von Mensch zu Mensch" – eine Parole, die einst als antikommunistische Abwehrformel kreiert wurde.

Westzonen und der SBZ am 8. August 1949 bzw. zwischen den neugegründeten Staaten der Bundesrepublik und der DDR am 1. November 1949 ein, obwohl die Beförderung damit auf eine quasi amtliche und juristische Grundlage gehoben wurde. Ganz im Gegenteil: Von Anfang an sah sich die westdeutsche Bundespost mit dem Problem konfrontiert, sozusagen die praktischen Konsequenzen aus der bundesrepublikanischen Politik der Nichtanerkennung der DDR und der Aufrechterhaltung des Alleinvertretungsanspruchs tragen zu müssen, indem sie die DDR zusammen mit der BRD als ein einziges postalisches Einheitsgebiet zu behandeln hatte. Dies bedeutete für sie als haftender Transporteur der in Westdeutschland abgeschickten Brief- und Paketsendungen, Beschwerden und Regressansprüche von Absendern befriedigen zu müssen, deren Sendungen auf dem Gebiet der DDR „fehlgeleitet" worden oder „verloren" gegangen waren. Vorsorglich richteten die Oberpostdirektionen im Westen für solche Fälle spezielle „Paketausgleichsstellen" ein, die bald alle Hände voll zu tun hatten, um wütenden Reklamanten die merkwürdigen Feinheiten des innerdeutschen Postverkehrs zu erklären und, sofern sich dies nicht vermeiden ließ, Schadensersatz zu leisten. Der bürokratische Aufwand war enorm und die Arbeit äußerst unbefriedigend, zeigten sich doch die Kollegen von der Deutschen Post der DDR bei Nachforschungen wenig kooperativ, wie ein Rundschreiben der Oberpostdirektion Hannover vom 30. Juni 1950 erkennen lässt:

> Es sind in jedem Monat von der Paketausgleichsstelle rund 600 Pakete für die Ostzone fehlgemeldet worden. Auf unsere diesbezüglichen Anfragen antworten die Postanmeldestellen der Sowjetzonenrepublik überhaupt nicht.

Sogleich nach Eröffnung des offiziellen Postverkehrs begann CARE seine berühmten Pakete auch in die DDR auszuliefern. Zwar deckte sich die antikommunistische Einstellung ihrer führenden Repräsentanten nachgerade idealtypisch mit dem neuen weltpolitischen Kurs der amerikanischen Regierung seit Verkündung der Truman-Doktrin, doch war die Organisation keineswegs gewillt, den „Geschäftsmarkt" DDR aus ideologischen Gründen auszuschließen. Denn in den USA lebten genügend „Kunden", die ihren alten Verwandten und Bekannten in Erfurt, Leipzig oder Dresden ein Liebesgabenpaket zukommen lassen wollten. CARE dürfte sich mit diesem Vorhaben, zumindest bei offiziellen Vertretern der US-Administration, wenig Freunde gemacht haben. Wie schnell nämlich die ideologische Konfrontation auf amerikanischer Seite gerade auch im Liebesgabenverkehr eskalieren sollte, lässt sich aus dem Protokoll einer in Kassel Ende März 1950 stattfindenden CRALOG-Tagung herauslesen, auf der CRALOG-Chef Eldon R. Burke die versammelten Vertreter der Wohlfahrtsorganisationen darauf einschwören wollte, in keinem Falle Waren aus amerikanischen Hilfslieferungen in die Ostzone umzuleiten:

> Das amerikanische Volk hat durch seine Regierung diese Sendungen nach Deutschland bezahlt. Es sollte an die Vereinbarung gedacht werden, daß diese Warenvorräte nicht in die russische Zone gehen dürfen, obwohl mir bewußt ist, daß man damit die Treue halten will.

Unabhängig von derartigen ideologischen Bedenken bestand für CARE das grundlegende Problem des DDR-Geschäfts aber darin, dass es der Organisation nicht gelungen war, mit den Sowjets bzw. der DDR-Regierung einen Kooperationsvertrag abzuschließen, der die Durchführung eines solchen Liebesgabenversands vor den Willkürmaßnahmen unterschiedlicher Institutionen wie der Volkssolidarität oder Dienstellen des Zolls oder der Post geschützt hätte. Da der amerikanischen Organisation keine eigenen Repräsentanten auf DDR-Gebiet zugestanden wurden, existierten also weder Kontroll- noch Einflussmöglichkeiten auf die korrekte und vollständige Zustellung der Pakete, eine Situation, die insbesondere mit Blick auf das Garantieversprechen, für das CARE bei jedem Paket einstand, äußerst unbefriedigend war. Dennoch sollte die Zustellung ca. drei Jahre lang einigermaßen störungsfrei verlaufen, obwohl die Pakete infolge ihres Designs als weithin erkennbare Sendboten der „freien" Welt den DDR-Amtsträgern schon optisch ein steter Dorn im Auge sein mussten.

Man lieferte die Pakete auf zwei Wegen, zunächst auf dem normalen Postweg, ab November 1949 dann auch mittels eines speziellen deutschen Dienstleisters, der Hamburger Firma DEINEX (Deutscher und internationaler Expressdienst), die bereits in der britischen Zone für CARE tätig geworden war. Bis Juli 1950 konnte diese Firma 43 000 Pakete zustellen, wobei nach Selbstaussage des Unternehmens lediglich eine Verlustrate von 220 Paketen zu verzeichnen war.

Die DDR-Behörden mühten sich von Anfang an, des Liebesgaben- und Paketstroms aus dem Westen mit einer Fülle von Gesetzen und Vorschriften sowie neu errichteten Ämtern und Überwachungsorganen Herr zu werden. Insbesondere die mit den Westpaketen ins Land geschickten Schriften und Bücher erwiesen sich als Stein des Anstoßes, vermuteten doch die Ostberliner Machthaber nicht ganz zu Unrecht, dass mit der so ins Land eingeführten „feindlichen Hetz- und Schundliteratur" die für den Aufbau des kommunistischen „Arbeiter- und Bauernparadieses" notwendige Aufbruchsmoral der „werktätigen Massen" untergraben werden könnte. In diesem Sinne ist auch das am 21. April 1950 erlassene Gesetz zum Schutz des innerdeutschen Handels zu verstehen, das an prominenter Stelle den „Kampf" gegen derartige Konterbande aus dem Westen anführt. Zu den Eindämmungsmaßnahmen zählte weiter eine im Dezember 1950 erlassene Verfügung, womit die künftige Einfuhr kirchlicher Liebesgaben untersagt wurde. Daraufhin musste das evangelische Zentrallager in Magdeburg aufgelöst werden.

Im Oktober 1951 setzte schließlich die Diskussion um die Errichtung eines Staatssekretariats für die Kontrolle des innerdeutschen Handels- und Zahlungsverkehrs ein. Allerdings erhob sich vonseiten der Ministerialbürokratie Einspruch gegen die Etablierung auf einer derart exponierten Ebene der Politik. Die Begründung verrät, dass das politische Establishment mitnichten als monolithischer Block zu begreifen ist und auch die innerdeutsche Politik der DDR zumindest bis zum Bau der Mauer 1961 noch eine ganz andere, im Westen kaum wahrgenommene Option verfolgte:

> Weitaus ernster sind die politischen Auswirkungen im Hinblick auf die von uns angestrebte Einheit Deutschlands. Es muß paradox erscheinen, wenn man einerseits die Einheit Deutschlands auf schnellstem Wege herbeiführen will und andererseits im gleichen Zeitpunkt ein Staatssekretariat bildet, dessen erste Hauptaufgabe die Kontrolle des innerdeutschen Warenverkehrs ist. Man könnte uns dabei unterstellen, daß die DDR an der Verewigung dieses Zustandes interessiert ist. Wir sind uns jedoch völlig im Klaren, daß diese Kontrolltätigkeit mit der Wiederherstellung der Einheit Deutschlands ihr Ende finden wird.

Ob die von einem Hauptreferenten des Ministeriums für Außenhandel und Innerdeutschen Handel im Oktober 1951 in seiner Stellungnahme niedergelegten Gedanken wesentlich dazu beitrugen, das geplante Staatssekretariat zu Fall zu bringen, entzieht sich leider der Kenntnis. Das ins Auge gefasste Projekt wurde jedenfalls verworfen und stattdessen am 28. August 1952 das „Amt für Zoll und Kontrolle des Warenverkehrs“ (AZKW) gegründet, das dem genannten Ministerium des Hauptreferenten angegliedert wurde, wobei in der offiziellen Begründung selbstredend eine andere Sprachregulierung vorherrschte:

> Die Sabotage- und Störungsversuche gegen unseren unaufhaltsam wachsenden Handelsverkehr sind darauf gerichtet, durch die Organisierung des illegalen Warenverkehrs, durch den Schmuggel mit Devisen und Zahlungsmitteln den Aufbau unserer Friedenswirtschaft zu stören. Eine systematische konsequente Bekämpfung ist zum Schutze unserer Währung und zur Festigung unserer demokratischen Ordnung erforderlich.

Zeitgleich zur Errichtung des Amtes wurden sogenannte Paketkontrollämter[1] an den Schnittstellen des westlichen Wareneingangsverkehrs eingerichtet bzw. in den nächsten beiden Jahrzehnten neu gebaut, in denen eigens dazu abgestellte Postbedienstete die einlaufenden Pakete öffneten und an Aufsicht führende Mitarbeiter des AZKW weiterreichten, die nach Begutachtung des Inhalts eine normale Weiterbeförderung befahlen oder eine Teil- bzw. Vollbeschlagnahmung durchführten.

Die Tätigkeit der Mitarbeiter des AZKW basierte auf einer Instruktion, die ihnen zeitgleich mit der Errichtung des Amtes an die Hand gegeben worden war. Danach wurden die einlaufenden Pakete qualitativ in zwei Gruppen unterteilt: Zur ersten zählten „Geschenksendungen", die von eindeutig als Privatpersonen zu identifizierenden Absendern an private Empfänger in der DDR gerichtet waren.

Ihnen musste ein mit der Unterschrift des Absenders versehenes Inhaltsverzeichnis[2] beigelegt werden, das den Zusatz „keine Handelsware" zu tragen hatte; in späterer Zeit hatte der Absender diesen berühmt-berüchtigten Hinweis bereits auf dem Umschlagpapier des Pakets neben der Adressaufschrift zu platzieren: „Geschenksendung – keine Handelsware".

Von Wohlfahrtsorganisationen verschickte Liebesgaben hingegen wurden als gewöhnliche Handelsgüter klassifiziert; sie mussten zwar schon seit Bestehen des Interzonenverkehrs verzollt werden, nun hatten ihre Transporteure aber noch einen gültigen Interzonen-Warenbegleitschein bei sich zu führen und darüber hinaus „eine vom Ministerium für Außenhandel und Innerdeutschen Handel mit Unterschrift und Trockensiegel versehene Einfuhrgenehmigung". Liebesgaben wurden demnach als reguläre Einfuhrwaren betrachtet, über deren Zulassung die Mitarbeiter des AZKW nicht nur aufgrund formaler Kriterien mehr oder minder nach Gutdünken entscheiden konnten. Die bürokratischen Hürden waren nicht von ungefähr so hoch gesteckt, sondern basierten auf einem kaum zu lösenden Dilemma der Ostberliner Machthaber: So benötigte die DDR von Anfang an die westlichen Waren, um damit Löcher im eigenen Versorgungssystem stopfen zu können. Gleichzeitig erschienen die Westpakete und -lieferungen wie ihre CARE-Brüder auf der anderen Seite der Demarkationslinie den Menschen im Osten als Sendboten einer besseren (und freieren) Welt – mit dem feinen, aber entscheidenden Unterschied, dass diese Zukunftsvision nach Meinung vieler wohl kaum unter sowjetisch-kommunistischer Führung je eingelöst werden würde, was nicht erst seit 1952 dazu verführte, bei noch offener Grenze in der „Wahl" zwischen den beiden Systemen „mit den Füßen abzustimmen". Als Ausweg aus dieser vertrackten Lage untersagte die Staatsführung der DDR im Herbst 1952 schließlich generell die Einfuhr von Liebesgaben. CARE, die noch im Vorjahr mit einer Spezialkampagne für zwei eigens kreierte DDR-Pakete in der amerikanischen Öffentlichkeit geworben hatte, stellte im Dezember umgehend den Versand ein, nachdem im Vorweihnachtsgeschäft 2500 designierte Pakete entschädigungslos beschlagnahmt wurden. Das offizielle Verbot indes bedeutete keineswegs

Der Eiserne Vorhang

In der politischen Rhetorik nach dem Zweiten Weltkrieg bezog sich der Begriff auf die Systemgrenze zwischen der westlich-kapitalistischen und der östlich-kommunistischen Hemisphäre. Wer der genaue Urheber dieser politischen Metapher war, die seit der Oktoberrevolution 1917 im Westen zirkulierte, ist umstritten. Letztlich war es Winston Churchill, der den Begriff so einführte, wie er über 40 Jahre lang gelten sollte, als er in einer Rede am 5. März 1946 beklagte: „From Stettin in the Baltic to Trieste in the Adriatic an Iron Curtain has descended across the Continent ..."

ein Ende westlicher Wohltätigkeit für die Menschen hinter dem „Eisernen Vorhang“ – im Gegenteil: Erst jetzt begann die eigentliche Geschichte der Westpakete.

Verlagerung ins „Private“: Packkreise, Hilfsringe, Geschenkdienste

Nachdem den Wohlfahrtsorganisationen die Möglichkeit entzogen worden war, direkte Lieferungen in die DDR durchzuführen, mussten sie sich nach anderen Wegen umsehen, sofern sie ihre „Klientel“ dort auch weiterhin mit Lebensmitteln und anderen Gütern des täglichen Bedarfs versorgen wollten. Sie konnten sich dabei auf die hilfreiche Propaganda der Bundesregierung stützen, die nicht müde wurde, den Einheitsgedanken über die Metapher von den „armen Brüdern und Schwestern“ in den Köpfen der eigenen Bevölkerung wach zu halten: In allen öffentlichen Gebäuden mahnten das ganze Jahr über Plakate „Dein Päckchen nach drüben“ an und in den Postämtern lagen stets aktuelle Merkblätter des „Büros für gesamtdeutsche Hilfe“, einer Public Relations-Agentur des Ministeriums für gesamtdeutsche Fragen[3] bereit, die über die neuesten Einfuhrbeschränkungen des „Ulbrichtregimes“ aufklärten.

Große Zeitungen wie *Die Welt* erteilten ihren Lesern nützliche Tipps zum korrekten Packen von „Ostpaketen“, wie etwa im November 1953:

> Als verbotene Handelsware werden auch mehrere Verpackungen derselben Warenart angesehen (z.B. mehrere Pakete Margarine). Zum Verpacken darf kein bedrucktes Papier, also auch keine Zeitung benutzt werden. Auch sollte man ein paar Kerzen in das Paket legen. Sie sind in den oft üblichen Stromsperrstunden eine große Hilfe.

Derart auf die fast nationale Pflicht zur Hilfeleistung für die „Ostzone“ eingeschworen, gründeten sich nach Bekanntwerden des

Einfuhrverbots für Wohlfahrtsverbände bald flächendeckend kleinere und größere „Hilfsringe", die es sich zur Aufgabe machten, anstelle und/oder in enger Tuchfühlung mit den Wohlfahrtsorganisationen Unterstützungspakete in die DDR zu schicken. Bei den privaten Initiatoren handelte es sich oft um „Zonenflüchtlinge" bzw. um Vertriebene, die in besonderem Maße motiviert waren, mit ihrer Arbeit die Menschen in der alten Heimat zu unterstützen. Einige Organisationen verbanden mit den karitativen Aktionen ein weiteres Ziel, was nicht selten in den Vordergrund trat: Sie legten es darauf an, den zweiten deutschen Staat zu destabilisieren. In ihren Verlautbarungen nach außen traten sie selbstredend mit der gleichen moralischen Verve wie alle anderen auf, in ihrem Tun aber zielten sie vor allem darauf ab, mit nahrhaften Westprodukten den Widerstandsgeist der Menschen in der DDR anzustacheln – was auf DDR-Seite dazu führte, die Liebesgaben in diesem Zusammenhang mit der gar nicht mal so falschen Begrifflichkeit „Durchhaltepakete" zu kennzeichnen.

Die unterschiedlichen Vereinigungen waren oft eng miteinander verwoben und verfügten über leistungsfähige Netzwerke. Darüber hinaus hing der „Erfolg" nicht selten von funktionierenden Beziehungen bis in höchste Regierungskreise bzw. in die Entscheidungsgremien der großen Wohlfahrtsverbände ab. Keine dieser Gruppen konnte nämlich auf Dauer ohne finanzielle Förderung existieren, wozu Spenden aus der Bevölkerung zwar ein gerüttelt Maß beitrugen, in erster Linie aber kontinuierliche Zuschüsse durch den Bund: So hat die Historikerin Petra Kabus errechnet, dass 25 Hilfsverbände mit über 4000 angeschlossenen Packkreisen allein im Jahr 1964 durch knapp vier Millionen Mark aus dem Topf des Bundesministeriums für gesamtdeutsche Fragen bzw. durch seine wichtigste, in der Öffentlichkeit als Privatunternehmung auftretende Propagandaorganisation, das „Kuratorium Unteilbares Deutschland" alimentiert wurden.

Um einen Einblick in die Arbeitsweise eines solchen Hilfswerks zu ermöglichen, sei hier die bereits seit 1949 bestehende „Deutsche Gemeinschaftshilfe – Liebesgabendienst e.V." vorgestellt: Bis 1958 verschickte diese Vereinigung, deren Hauptsitz sich in Essen befand –

„Laßt sie nicht allein!": Propagandamarken zum Aufkleben im bundesdeutschen Briefverkehr, 50er-/60er-Jahre.

andere eröffneten ihre Büros gleich in Bonn, was die Lobbyarbeit ungemein beförderte –, rund 150 000 Pakete in den Osten. Die Gemeinschaftshilfe, mit mehreren Dependancen bundesweit agierend, ließ von ihren Mitgliedern nicht nur individuelle Pakete zusammenstellen, sondern bot im Stil von CARE auch standardisierte Typenpakete an, die man gegen einen entsprechenden Obolus in Auftrag geben konnte. Ähnlich der kommerziellen Feldpost-Werbung im Ersten Weltkrieg wurde, wie in einem Faltblatt von 1958 nachzulesen ist, dafür mit Bequemlichkeitsargumenten geworben wie „mühelose Bestellung vom Schreibtisch per Postscheck“ oder „Zeit- und Kostenersparnis durch den Fortfall des Selbstpackens“, aber auch mit dem Aspekt „steuerlicher Begünstigung“: In der voranschreitenden Prosperität der Bundesrepublik sollte gerade die steuermindernde Geltendmachung von Paketen für viele Bürger ein ganz wesentlicher Anreiz für das Engagement gen Osten werden, ein Aspekt, dessen inhärente Brisanz sich erst so richtig offenbarte, als 1965 diese Vergünstigung abgeschafft und der Bundesminister für gesamtdeutsche Fragen umgehend von einer Flut geharnischter Protestschreiben eingedeckt wurde:

> [Warum werden wir steuerlich bestraft, wenn man doch die Spende von ein paar Fichten für einen Verschönerungsverein steuerlich absetzen kann, nicht aber die Hilfe für unsere armen und notleidenden Landsleute drüben?]

Mit einem anderen Argument hingegen, das die Auftragslage der Gemeinschaftshilfe ungemein befördern half, konnte der Dienst ab 1958 leider keine potenziellen Kunden mehr ködern: Bis dahin offerierte man für beschlagnahmte Pakete nämlich eine eigene Spezialversicherung. Zum Bedauern des Hilfswerks kündigte die betreuende Assekuranz ihren Vertrag, weil sich die Verlustfälle innerhalb kürzester Zeit gehäuft hatten. Der Grund lag darin, dass es den Mitarbeitern des AZKW bzw. des MfS gelungen war, die Versandgewohnheiten des Vereins auszuforschen, was damit zusammenhing, dass in der Hamburger Geschäftsstelle der Gemeinschaftshilfe, über die ein Großteil der Auftragspakete abgewickelt wurde, offensichtlich fröhlicher Nepotismus herrschte. Der dortige Postbevollmächtigte des Vereins reichte die Aufträge nicht nur an sein eigenes Unternehmen, die „Hanseatische Warenhandelsgesellschaft" weiter, sondern schanzte dem zweiten Postbevollmächtigten, dessen Ehefrau einen eigenen kleinen Hilfsring, den „Geschenkdienst Ost – Irene Braun" betrieb, ebenfalls solche Aufträge zu. Anscheinend hatten es die Beteiligten in diesem Dreiecksgeschäft mit der Zeit an der nötigen Vorsicht konspirativen Verschickens fehlen lassen und mehr oder minder gleichartig aussehende Pakete sozusagen en bloc ins Mecklenburgische verschickt, was die Kontrolleure im zuständigen PKA natürlich stutzig machte. Deren Arbeitsgrundlage basierte auf der auch im Westen bekannten Verordnung vom 5. August 1954 sowie der dazu erlassenen Durchführungsbestimmung vom 14. Februar 1955, wonach nur noch „Geschenksendungen" als „unentgeltliche Zuwendungen, die unmittelbar von einem privaten Absender an einen privaten Empfänger auf Grund persönlicher Beziehungen zum persönlichen Verbrauch oder Gebrauch zum Versand gebracht werden", die Grenze passieren durften. Und generell verboten waren „Sendungen, die von Firmen, Organisationen oder anderen juristischen Personen zusammengestellt, verpackt oder abgesandt" wurden.

Um diese „Korruptionspakete", wie der Amtsjargon des AZKW die von Organisationen verschickten schnell titulierte, als solche aus den einlaufenden Massen gezielt herausfischen zu können, hatte das Amt seinen Bediensteten vor Ort als Richtlinie mitgegeben, ihr Augenmerk auf die Gleichartigkeit des verwendeten Packpapiers und die Art der Knotenbindung bei den benutzten Bindfäden zu richten, darauf zu achten, ob Adressaufschriften nur von einer Hand vorgenommen worden waren, und, nach Öffnung, ob sich die Wareninhalte glichen bzw. ein einheitliches Packmuster vorlag – „als besonderes Merkmal ist zu verzeichnen, daß bei der innerlichen Verpackung Holzwolle verwendet wurde". Darüber hinaus sollte natürlich geprüft werden, ob sich größere Paketposten einem einzigen Aufgabepostamt zuordnen ließen.

Sofern eine Organisation von der Zollverwaltung der DDR erst einmal ins Visier genommen worden war, mussten die Versandwege und die Adressen von Mitarbeitern, die als „Privatabsender“ fungierten, möglichst umgehend geändert bzw. ausgetauscht werden – eine mühselige Arbeit, die das Geschäft nachhaltig ins Stocken brachte. Der Versuch jedenfalls, die in der Öffentlichkeit schlecht darstellbaren Verluste durch Beschlagnahme mittels forscher Schadensersatzforderung beim Bundespostminister geltend zu machen, scheiterte, auch wenn der Hauptgeschäftsführer der Gemeinschaftshilfe nach den ablehnenden Bescheiden im Mai 1958 den Minister mit dem harschen Vorwurf, die eigene Regierungspropaganda zu unterlaufen, zum Einlenken nötigen wollte:

> Völlig unhaltbar ist Ihr Standpunkt, dass Sie einen Schadensersatz verweigern, weil ein Bundesbürger gegen die Gesetze der sog. DDR verstoßen hat. Mit diesem Standpunkt machen Sie sich zum Büttel des sowjetischen Gewaltsystems. Auf dem Wege, den Sie jetzt einschlagen, helfen Sie den drübigen Machthabern nur, außer den politischen Bindungen auch noch die persönlichen Bindungen zwischen den Deutschen jenseits und diesseits der Elbe zu zerreißen.

Welch findige Wege manche Hilfswerke in ihrem Bestreben einschlugen, die wohlwollende Aufmerksamkeit des westdeutschen Publikums zu erregen bzw. um an Unterstützungsgelder für ihre Paketaktionen in die DDR zu gelangen, demonstriert das Beispiel der in Augsburg ansässigen Vereinigung „Deutsche helfen Deutschen“: „In Anbetracht, daß jeder einmal in einem Jahre nach Berlin kommt“, waren die Bayern im Juni 1952 auf die Idee verfallen, einen Gutschein zu kreieren, mit dem der Reisende bei „Leiser – Berlins größtem Schuhhaus“ für seine Verwandten und Bekannten in Ostberlin entweder selbst eine passende Fußbekleidung eintauschen oder den Bon den ostdeutschen Freunden direkt überreichen konnte. Die Idee hatte insofern etwas für sich, als man dergestalt das heikle Devisenproblem elegant umkurven konnte, das bestand, seitdem das AZKW schon in seiner ersten Instruktion die Einfuhr von „Zahlungsmitteln aller Art“ unter-

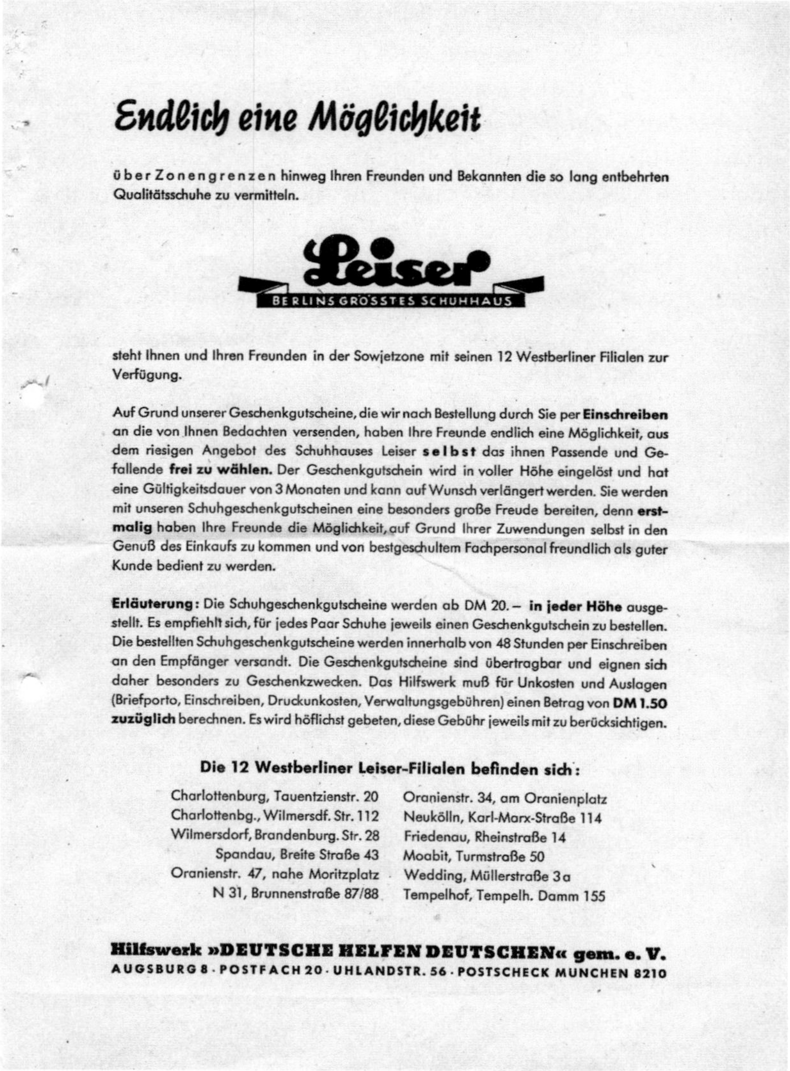

Endlich eine Möglichkeit

über Zonengrenzen hinweg Ihren Freunden und Bekannten die so lang entbehrten Qualitätsschuhe zu vermitteln.

Leiser
BERLINS GRÖSSTES SCHUHHAUS

steht Ihnen und Ihren Freunden in der Sowjetzone mit seinen 12 Westberliner Filialen zur Verfügung.

Auf Grund unserer Geschenkgutscheine, die wir nach Bestellung durch Sie per **Einschreiben** an die von Ihnen Bedachten versenden, haben Ihre Freunde endlich eine Möglichkeit, aus dem riesigen Angebot des Schuhhauses Leiser **selbst** das ihnen Passende und Gefallende **frei zu wählen.** Der Geschenkgutschein wird in voller Höhe eingelöst und hat eine Gültigkeitsdauer von 3 Monaten und kann auf Wunsch verlängert werden. Sie werden mit unseren Schuhgeschenkgutscheinen eine besonders große Freude bereiten, denn **erstmalig** haben Ihre Freunde die Möglichkeit, auf Grund Ihrer Zuwendungen selbst in den Genuß des Einkaufs zu kommen und von bestgeschultem Fachpersonal freundlich als guter Kunde bedient zu werden.

Erläuterung: Die Schuhgeschenkgutscheine werden ab DM 20.– **in jeder Höhe** ausgestellt. Es empfiehlt sich, für jedes Paar Schuhe jeweils einen Geschenkgutschein zu bestellen. Die bestellten Schuhgeschenkgutscheine werden innerhalb von 48 Stunden per Einschreiben an den Empfänger versandt. Die Geschenkgutscheine sind übertragbar und eignen sich daher besonders zu Geschenkzwecken. Das Hilfswerk muß für Unkosten und Auslagen (Briefporto, Einschreiben, Druckunkosten, Verwaltungsgebühren) einen Betrag von **DM 1.50 zuzüglich** berechnen. Es wird höflichst gebeten, diese Gebühr jeweils mit zu berücksichtigen.

Die 12 Westberliner Leiser-Filialen befinden sich:

Charlottenburg, Tauentzienstr. 20	Oranienstr. 34, am Oranienplatz
Charlottenbg., Wilmersdf. Str. 112	Neukölln, Karl-Marx-Straße 114
Wilmersdorf, Brandenburg. Str. 28	Friedenau, Rheinstraße 14
Spandau, Breite Straße 43	Moabit, Turmstraße 50
Oranienstr. 47, nahe Moritzplatz	Wedding, Müllerstraße 3a
N 31, Brunnenstraße 87/88	Tempelhof, Tempelh. Damm 155

Hilfswerk »DEUTSCHE HELFEN DEUTSCHEN« gem. e. V.
AUGSBURG 8 · POSTFACH 20 · UHLANDSTR. 56 · POSTSCHECK MUNCHEN 8210

Geschenkgutscheine zur Konjunkturankurbelung: Faltblatt des Hilfswerks „Deutsche helfen Deutschen" Augsburg, 1952.

sagt hatte. Mit 20 DM als Untergrenze pro Exemplar waren die Gutscheine allerdings alles andere als billig, dafür sollten sie übertragbar sein und würden, so das vollmundige Versprechen, den Bestellern binnen 48 Stunden per Einschreiben übersandt. Das Hilfswerk bat das Ministerium um wohlwollende Prüfung und eine finanzielle Unterstützung für den logistischen Aufwand. Der damit konfrontierte Ministerialbeamte konnte sich mit dem Unterfangen jedoch wenig anfreunden, da sich in den führenden Positionen des Vereins fast ausschließlich Schuhfabrikanten betätigten, deren mit der Goodwill-Aktion verbundenes Bestreben, den Absatz der eigenen Ware über das Leisersche Ladengeschäft anzukurbeln, dann doch leicht zu durchschauen war. Außerdem ergab die Recherche im eigenen Hause, dass die Vereinigung vom Ministerium ohnehin seit geraumer Zeit mit mehreren zehntausend Mark gesponsert wurde.

Es würde den Rahmen dieses Kapitels sprengen, alle Privatinitiativen aufführen zu wollen, die zu irgendeinem Zeitpunkt in der knapp 40-jährigen Geschichte des Westpaketversands in Erscheinung traten.[4] Im November 1963 brüstete sich die Abteilung Zollfahndung des AZKW in einem internen Rundschreiben jedenfalls damit, über 700 Hilfswerke als Versandorganisationen enttarnt zu haben, wobei der Berichterstatter auch gleich noch eine Lageeinschätzung hinsichtlich der „Gefährlichkeit“ einzelner Gruppierungen mitlieferte: „Nach ihrem revanchistischen und aggressiven Charakter“ gestaffelt, führte er als erstes das „Rheinische Hilfswerk für Mitteldeutschland und den deutschen Osten“ an. Dessen besondere Perfidität bestünde darin, von verschiedenen Geschäftsstellen aus unterschiedliche Zielgruppen zu versorgen. So bringe die Zweigstelle Düren „vorwiegend Sendungen an Personen und deren Angehörige zum Versand, die wegen Staatsverbrechen und ähnlicher Delikte verurteilt wurden“, während die Zweigstelle Hamburg bevorzugt „an ehemalige Nazis und solche Personen, die interniert waren“ versende.

Großer Aufmerksamkeit durfte sich das Deutsche Rote Kreuz erfreuen, dessen „Suchdienst, Flücht-lingsstarthilfe und Landesforschungsdienst“ besonders in Erscheinung getreten seien. Was hätte der gute Mann wohl darum gegeben, wenn er gewusst hätte, dass innerhalb des DRK tatsächlich ein eigener „Arbeitskreis Osthilfe" existierte, der gemäß eines Umlaufschreibens aus dem Jahr 1954 seine Liebesgabentätigkeit folgendermaßen organisierte:

> Es können vom Generalsekretariat wieder Lebensmittel für 40 Sowjetzonenpakete zur Verfügung gestellt werden. Es wird gebeten, auf der Umlaufliste anzugeben, wie viele Pakete von den einzelnen verschickt werden können – im Höchstfall 3. Außerdem kann, als Beipack für die Spende, in Zimmer 18 verbilligte Schokolade, Keks, Kakao, Kaffee und Tee gekauft werden.

Das DRK, ohnehin stets im Fadenkreuz der Zollfahnder des AZKW, ließ sich 1956 bei einer weiteren Aktion erst durch ein anderes Hilfswerk, das sich auf den Versand von Literatur in die DDR spezialisiert hatte, beraten, ehe es agierte. Dieser „Arbeitskreis Karitativer Vereinigungen", der in der Öffentlichkeit durch sein Credo von der „Bücherbrücke" trotz der prekären Einfuhrsituation für Schriftgut vehement dafür warb, nicht nur Nahrungsmittel, sondern auch einmal eine unverfängliche, aber unterhaltende Lektüre in das Liebesgabenpaket für die DDR zu legen, brachte das DRK mit der Süd-West Verlags- und Vertriebs GmbH in Marbach zusammen. Von der erwarb das Generalsekretariat einen Posten Bücher, deren Titel in jedem Fall ungeeignet schienen, in den Augen der strengen Ideologiewächter die Jugendlichen in der DDR vom Pfad der sozialistischen Tugend abbringen zu können: Neben „Heidi" umfasste das Kontingent Märchen von Andersen, Hauff und Grimm, dazu die Geschichten aus *Tausendundeiner Nacht*.

Unbekannt an Unbekannt: Adressenbeschaffung und Briefkommunikation

Soweit die privaten Hilfswerke mit großen Wohlfahrtsorganisationen eng zusammenarbeiteten oder gar in ihrem Auftrag die Paketbetreuung übernahmen, mussten sie um die Akquisition einschlägiger Empfängeradressen zunächst kaum verlegen sein. Aus der Zeit vor dem Einfuhrverbot 1952 besaßen die meisten großen Wohlfahrtsverbände noch vergleichsweise aktuelles Adressenmaterial, das sie nun gern zur Verfügung stellten. Das Problem ergab sich peu à peu: Je mehr Jahre ins Land gingen, desto häufiger stießen die gutgemeinten Unterstützungspakete ins „Leere“: Empfänger waren verstorben, hatten geheiratet und trugen nun einen anderen Familiennamen oder waren umgezogen und hatten vergessen, ihre neue Anschrift der „Nachfolgeorganisation“ mitzuteilen. Derartige Rückläufer, die automatisch wieder bei den zuständigen Postämtern in der DDR landeten, erweckten sogleich den nimmer erlahmenden Eifer der AZKW-Mitarbeiter bei ihrer beständigen Jagd auf die westlichen „Verbrecherorganisationen“.

Die Hilfswerke mussten also bestrebt sein, alte Adressen aufzufrischen und einen Kreis neuer Empfänger zu bilden. In erster Linie bot sich hier eine Anfrage bei den Kirchen an, da deren Verbindungen in die DDR trotz aller Widrigkeiten durch die Ostberliner Machthaber am besten funktionierten. Kirchentage in der Bundesrepublik oder Westberlin z.B. erwiesen sich als wahre Informations- und Tauschbörsen, da die Pfarrer aus der DDR dorthin unbehindert reisen durften, ein Umstand, der natürlich die Stasi und die Zöllner vom AZKW ärgerte. Aber auch kirchlich unterhaltene Kindergärten in der DDR taugten hervorragend zur Adressweitergabe, wie der Leiter des AZKW in einem Rundbrief an die Kollegen 1961 mitteilte: Von einer spitzelnden Zuträgerin habe er erfahren, „daß die Adressen der Empfänger durch den katholischen Kindergarten in Mühlhausen, wo zum überwiegenden Teil die Kinder solcher Empfänger untergebracht sind, über die katholische Gemeinde der Grauen Schwestern nach Westdeutschland gegeben werden“. Die sofort aufgenommenen Ermittlungen hätten ergeben, dass die Adressweitergabe eine Seriensendung von Liebesgabenpaketen eines „Versandgeschäftes in Frankfurt am Main“ bewirkt habe, die von einer noch nicht näher bekannten Hilfsorganisation dort bestellt worden seien.

Wie man sieht, hatte die karitative Vereinigung die erste Regel des konspirativen Versands missachtet, Kettenpakete immer von einer Vielzahl unterschiedlicher Privatpersonen von möglichst vielen verschiedenen Postämtern aus zu verschicken.

Die unter christlicher Flagge segelnden Hilfswerke erwiesen sich als überaus aktiv und wenig ängstlich: Ende 1963 nahm die Stasi einen Heimleiter des CVJM in Gewahrsam, der über einen längeren Zeitraum laufend Adressen von Studenten aus Ostberlin, Leipzig, Dresden und Greifswald an die Kirchen in Westdeutschland vermittelt hatte, woraufhin die Studiosi regelmäßig Liebesgabenpakete erhalten hatten. Nicht genug damit: Daneben versuchte der junge Mann, auch noch Spezialwünsche der Empfänger in die Tat umzusetzen. So besorgte er, wie es im abschließenden Bericht des zuständigen Berliner Leiters des AZKW zu dem anhängigen Strafverfahren fast schon bewundernd heißt, „größere Industriewaren wie z. B. Gasbadeöfen, zerlegte sie und führte sie ungenehmigt im Rahmen des Reiseverkehrs in die DDR ein". Bei einem seiner Besuche wurde der CVJM-Leiter schließlich verhaftet.

Um an Adressen von Empfangswilligen zu gelangen, war der Phantasie kaum eine Grenze gesetzt:

> Am 13.9.1961 wurde am PKA Erfurt eine Postsendung aus Westdeutschland kontrolliert, in welcher ein Schreiben festgestellt wurde, aus dem hervorgeht, daß von einem katholischen Jugendtreffen in Offenbach Luftballons mit Adressen aufgelassen wurden. Von den Findern dieser Ballons wurde der Absender verständigt, daß sie diesen Luftballon aufgefunden haben. Als Anerkennung hierfür wurde das oben genannte Päckchen mit Genußmitteln und Textilien an den Empfänger geschickt.

Natürlich wurde der Päckchenadressat, dessen Name leicht zu ermitteln war, sofort festgenommen, stellte doch der Empfang eines „Organisations"-Pakets, sofern bewusst herbeigeführt, in der DDR eine strafbare Handlung dar. Bei der Ballon-Aktion handelte es sich um keinen Einzelfall: Da fast das ganze Jahr über Westwinde vorherrschten, mithin die Ballons in schöner Regelmäßigkeit DDR-Gebiet erreichten,

„Apparate des Kalten Krieges“

Unter dieser Sammelbezeichnung des Historikers Ernst Nolte sind privat organisierte, antikommunistische Gruppierungen zu verstehen, die vorwiegend in den 50er-Jahren die Bevölkerung in der BRD über den „Terror des stalinistischen Unrechtssystems" aufzuklären und das „Ulbricht-Regime" mit z. T. spektakulären Aktionen zu destabilisieren suchten. Das Aktivitätenspektrum reichte von der Broschürenproduktion bis hin zur Flugblatt-„Beregnung" mittels Gasballons über der DDR. Mit Beginn der Ostpolitik nach 1969 lösten sich die letzten dieser „Apparate" auf.

drängte sich diese ungewöhnliche Adressbeschaffung geradezu auf. Zumal dieser Methode in den Augen von Kindern und Jugendlichen etwas Abenteuerliches anhaftete.

Den Ballon als Medium nutzten aber auch die Erwachsenen im Verteidigungsministerium auf der Bonner Hardthöhe – allerdings befanden die sich auf der Suche nach einer anderen Sorte von Empfängern: In den 50er- und 60er-Jahren ließ eine Einsatztruppe der Bundeswehr mit dem markigen Namen „Psychologische Kampfführung“ an der Zonengrenze des öfteren große Ballons in der Nacht hinüber zum Systemfeind steigen und über dessen Gebiet dann Propaganda auf Flugblättern herabregnen.

Als ein beliebtes Mittel, neue Empfänger zu mobilisieren, wurde darüber hinaus der Rundfunk benutzt. Allerdings hatten hier nur die großen Wohlfahrtsorganisationen Zugriffsmöglichkeiten oder Vereinigungen wie das am Jahrestag des Volksaufstandes in der DDR 1954 gegründete „Kuratorium Unteilbares Deutschland“. Diese von führenden Politikern ins Leben gerufene Organisation war im Paketversand über ihre Landesverbände und Untergruppen äußerst aktiv, darüber hinaus unterstützte sie gerade die kleinen Vereinigungen mit Zuschüssen und logistischer Hilfe. Daneben blieb noch Raum für zum Teil spektakuläre Public Relations-Arbeit, um den Wiedervereinigungsgedanken zu propagieren: Mit zu den bekanntesten Veranstaltungen zählte die im November 1959 durchgeführte Aktion „Macht das Tor auf!“, bei der Prominente wie der Fußballspieler Uwe Seeler auf der Straße kleine silbrige Ansstecknadeln in Form des Brandenburger Tors an die Passanten verkauften. Nicht vergessen werden sollte auch das noch in den 60er-Jahren praktisch an jeder Ortseinfahrt aufgehängte schwarzrote Plakat mit der provokativen Aufschrift: „3geteilt? Niemals!“ 1960 forderte das Kuratorium unter der Parole „Jugend beschenkt Jugend“ die Schulklassen in Westdeutschland auf, Patenschaften für Schüler in der DDR zu übernehmen und den Gleichaltrigen in regelmäßigen Abständen Pakete zu schicken bzw. nach dem Schneeballsystem – eine Methode, derer sich auch viele andere Hilfswerke bedienten – über die Erstkontakte hinaus weitere Empfänger einzuwerben. Über die verschiedenen Werbeaktionen zur Ankurbelung des Paketversands berichtete oft der Rundfunk, und die eingeladenen Vertreter des Kuratoriums vergaßen nie, bei der Gelegenheit die Menschen in der DDR aufzufordern, ihre Adresse nach Bonn zu übermitteln. Nachdem er im „Kölner Rundfunk“ gehört hatte, dass die Organisation zur Finanzierung einer Weihnachtspäckchen-Aktion einen Basar durchgeführt hatte, fühlte sich so im Dezember 1973 ein Rentner aus Dresden animiert, um eine der avisierten Liebesgaben nachzusuchen.

Daneben wandten sich auch viele DDR-Bürger mit ihren Wünschen unaufgefordert an die großen Wohlfahrtsorganisationen wie das Rote Kreuz oder gleich an das Kuratorium. Der dort zuständige Referent reagierte entsprechend der Philosophie des Hauses großzügig auf die etwas flapsige Anfrage eines 18-jährigen Drehers aus Friedrichsbrunn im Ostharz vom April 1965: „Da es bei uns keine Niethosen gibt, die man mit denen aus dem Westen vergleichen kann, hätte ich gern mal eine von drüben. Wäre es darum zuviel verlangt, wenn Sie mir eine schicken würden (Schrittlänge 75 cm)?“ Der Jugend, auf deren Immunisierung gegen die östliche „Rotlichtbestrahlung“ das Kuratorium in seiner Arbeit ohnehin allergrößten Wert legte, musste man schließlich so weit wie möglich entgegenkommen. Wenn jemand wie ein Arbeiter aus dem thüringischen Frankenhain im November 1961 auf der richtigen Klaviatur zu spielen wusste, konnte er sicher sein, erhört zu werden:

> Möchte Sie bitten, meine Adresse weiter bekannt zu geben. Vielleicht meldet sich eine Familie, die bereit wäre, meiner Familie eine Weihnachtsfreude zu machen mit einem Weihnachtspaket. Kennen Sie die Lage hier in der Zone, unter welchen Verhältnissen wir Arbeiter leben und das Weihnachtsfest feiern müssen unter großen Entbehrungen? Unsere Gedanken sind Weihnachten in Westdeutschland, ob unsere Landsleute uns hier in der Zone nicht vergessen haben unter den Schikanen des SED-Regimes.

Selbstredend erhielt der Mann das Gewünschte, zudem wurden er und seine Familie in die Kartei der regelmäßig zu Beschickenden aufgenommen. Wie der handschriftliche Zusatz unter dem Schreiben verrät, konnte er nämlich etwas aufweisen, was ihn automatisch „adelte“, aber auch auf eine gründliche Recherche des Kuratoriums schließen lässt: „Ist Zuchthäusler im Osten gewesen.“

Gelegentlich erreichten die Hilfswerke Briefe von DDR-Bürgern, denen sie, meist auf Empfehlung anderer, unbekannterweise ein Paket hatten zukommen lassen und denen, nach dem ersten Erschrecken ob des unverhofften Geschenks tiefe Dankbarkeit, gepaart mit ängstlichem Unglauben die Feder geführt hatte. Wenn man so will, wurde bei solchen Pakettransfers das moralische Anliegen für die Gründung eines Hilfswerks auf seine zwischenmenschlich ehrlichste Wurzel zurückgeführt: Unbekannte helfen Unbekannten. Im März 1974 erreichte einen Paketkreis des Kuratoriums folgendes Schreiben einer Rentnerin aus dem sächsischen Freital:

> Dieser Tage erhielt ich von Ihnen ein Paket. Ich war so überrascht und wußte gar nicht, was ich davon halten sollte. Da ich Sie gar nicht kenne und mir nicht denken konnte, wie Sie zu meiner Anschrift kommen. In meiner Ratlosigkeit bin ich zu einer mir befreundeten

> Familie gefahren, um deren Meinung zu hören. Ich glaubte, es liegt ein Irrtum vor und wollte es zurückschicken. Sie meinten aber, ich sei ein Dummerchen. Von ihren westlichen Verwandten wüßten sie, daß zuweilen von Westbürgern solche Geschenksendungen an ältere Ostbürger verschickt würden. Ist das wirklich der Fall? Darf ich denn die herrlichen Sachen wirklich annehmen?

Insbesondere nach dem Mauerbau verdoppelten die Hilfswerke ihre Anstrengungen und verteilten mehr denn je Pakete nach dem Gießkannenprinzip. Dass die einlaufenden Westpakete bei den Adressaten jedoch keineswegs immer die beabsichtigte Freude und, unter psychologischen Gesichtspunkten: die erwünschte Identifikation mit dem Spender (und seinen sozialen und politischen Intentionen) auslösten, sondern eher gegenteilige Reaktionen, demonstrieren Protokolle des AZKW von Aussagen wütender DDR-Bewohner. Als typisches Beispiel eines ungewollt Beschenkten sei hier ein Dresdner Empfänger zitiert:

> Am 3.10.1961 erhielt ich eine Paketsendung aus Westdeutschland, deren Absender mir selbst unbekannt ist. Ich fühlte mich nicht dazu verpflichtet, diese Sendung zu öffnen und zog einen Nachbarn zu Rate, der bei der Bereitschaftspolizei tätig ist. Er riet mir, sofort zum zuständigen ABV [Abschnittsbevollmächtigten] zu gehen. Ich ließ das Paket unter Zeugen öffnen und stellte fest, daß es Lebensmittel wie Haferflocken, Puddingpulver usw. enthielt. Für mich stellt diese Sendung eine Provokation dar.

Die Mitarbeiter der AZKW-Dienststellen ließen diese Personen, welche die gesellschaftliche Relevanz ihrer Kontrolltätigkeit so hervorragend bezeugten, gern noch eine Art Ehrenerklärung abgeben, wobei der fast identische Wortlaut vieler darauf hindeutet, dass es sich um von oben verordnete Vordrucke handelte. Es ist sicher auch kein Zufall, dass ein Großteil dieser Erklärungen von ehemaligen Grenzgängern stammte, da diese Mitarbeiter westlicher Firmen von beiden

Nach dem Mauerbau: Der ehemalige Militärgouverneur der amerikanischen Besatzungszone und damalige Berlin-Berater Präsident Kennedys, Lucius D. Clay, beim Blick auf das Brandenburger Tor im Osten der geteilten Stadt, 17.11.1962.

Seiten umworben wurden: Das alte Unternehmen schickte Fresspakete, um den vermeintlichen Durchhaltewillen zu stärken, denen auf der Ostseite beglaubigten die Wanderer zwischen beiden Welten die Überlegenheit des eigenen Systems, hatten sie sich doch für die sozialistische Zukunft entschieden:

> Ich habe es nicht nötig, Bettelpakete, die durch den Konzernbetrieb Telefunken zum Versand durch Mittelspersonen gebracht werden, anzunehmen. In diesem Paketversand erblicke ich eine Verächtlichmachung unseres Arbeiter- und Bauern-Staates und auch meiner eigenen Person. Mir ist klar, daß die Konzernherren in Westberlin mit Revanchisten und Militaristen gemeinsame Sache machen und durch derartige Bettelpakete versuchen, verschiedene Arbeiter im Demokratischen Berlin zu korrumpieren.

Die hier die stramme Sozialistin mimte, war bei Telefunken bis zum 18. August 1961 einfache Radioröhren-Prüferin gewesen.

Alles zum Schutz der Republik: Die weite Welt der Kontrolleure

Nach der Verordnung über den Geschenk- und Päckchenverkehr vom 5. August 1954 durfte jeder Bewohner der DDR pro Monat ein privates Paket aus Westdeutschland empfangen, bei dem das jeweilige Gewicht zehn Kilogramm nicht überstieg. Für die Wareneinfuhr galten restriktive Bedingungen, die zum Teil aber bewusst unklar abgefasst worden waren, um den Kontrolleuren des AZKW einerseits einen gewissen Ermessensspielraum bei der qualitativen Prüfung der Pakete einzuräumen, andererseits jederzeit die Handhabe boten, ein missliebiges Paket unter eher fadenscheinigen Gründen beschlagnahmen zu können.

Auf dem weiten Feld der Literatur lässt sich die definitorische Gummiartigkeit des begrifflichen Ansatzes vortrefflich demonstrieren: Unter das Verbot der Einfuhr fielen alle „schriftlichen oder gedruckten Mitteilungen“ und sämtliche Literatur, „soweit diese einen antidemokratischen Charakter“ aufwiesen „bzw. gegen die Erhaltung des Friedens gerichtet“ waren, darüber hinaus „Schriftstücke und Darstellungen unzüchtigen Charakters“. Das Kriterium des „antidemokratischen Charakters“ konnte z. B. schon ein philosophisches Wörterbuch aus der BRD erfüllen, da hier die Erklärung der kommunistischen Ideologie allein sprachlich kaum den gestrengen Richtlinien der Gralshüter am Ostberliner Institut für Marxismus-Leninismus genügt hätte. „Unzüchtig“ konnte ein Modejournal sein, wenn darin Models die neueste Unterwäschekollektion aus Paris präsentierten.

Verboten waren nach einer Dienstanweisung der Abteilung Schule und Ausbildung des AZKW vom März 1962 auch „zum Verbrechen anstiftende Kriminalromane, seichte Liebesromane, verlogene Heimatromane“ und „Comiks“, weil die „Bonner Ultras“, so die erhellende Begründung, mit der „Einschleusung solcher Literatur“ das Ziel verfolgen würden, „bei unseren Bürgern die Überreste der kapitalistischen Denk- und Lebensgewohnheiten zu erhalten“. Noch 1984, als die Bestimmungen schon ein wenig laxer gehandhabt wurden, durften die Schriften von „Verrätern und Renegaten wie Kunze, Brasch, Loest, Solschenizyn, Kopelew“, aber auch die von Stefan Heym, Lutz Rathenow, Monika Maron und Gabriele Eckart nicht eingeführt werden, weil letztere „sich vom Gegner mißbrauchen lassen“. Der dennoch bei den Zöllnern latent vorhandenen Unsicherheit ob der korrekten Beurteilung eines westlichen Buches versuchte das AZKW mit dem Einsatz von „Literaturoffizieren“ in den Postkontrollämtern beizukommen, doch verfügten diese selten über eine genügende Vorbildung. Im Zweifelsfall wurde ohnehin beschlagnahmt.

Auch bei anderen Waren boten sich den Zollmitarbeitern vielerlei Ansätze, ein Paket aus dem Verkehr zu ziehen. So waren generell „luftdicht verschlossene Behältnisse (alle Behälter – Konservendosen, Fischbüchsen, Einweckgläser, Flaschen aller Art, Tuben usw. mit Patent-, Korken- oder Stanniolverschluß o. Ä. –, die nicht ohne weiteres geöffnet oder ohne Hilfsmittel nicht wieder verschlossen werden können)“ verboten. Nach Ansicht der Staatsführung, so in einer Be-

Verkniffener Humor für Staatstreue: Ganz im Sinne der SED-Führung widmen sich 1961 die Eulenspiegel-Satiriker dem heiklen Thema „Westpaket“.

schlussvorlage des Ministerrats vom Dezember 1954 für die spätere Verordnung über den Geschenkverkehr nachzulesen, dienten diese Behältnisse nämlich vorrangig dazu, „Spionagenachrichten, Agentenmaterial, Waffen und Munition als Lebensmittel getarnt zu versenden“.

Medikamente – ein äußerst heikles Thema – durften in der Anfangszeit nur beigefügt werden, wenn ihnen ein „von einem in der Deutschen Demokratischen Republik zugelassenen Arzt ausgestelltes Rezept“ beigefügt war. Im September 1961 wurden sie ganz verboten, denn ihre Einfuhr, so die amtliche Begründung, habe „im wesentlichen ideologische Ursachen“, da die westdeutschen Pharmakonzerne infolge „ihrer mangelnden Kontrolle die Gesundheit der Bürger der DDR“ bedrohten. Hinsichtlich der Einfuhr von Kleidern hatte sich das AZKW einen besonderen Clou ausgedacht: Ab Ende 1961 musste die Desinfektionsbescheinigung einer Wäscherei beigefügt werden, die nicht älter als 14 Tage war. Die Zollverwaltung wollte damit den Usus der westlichen Hilfswerke aushebeln, ihren Paketen stets ein älteres, abgelegtes Kleidungsstück oder ein Paar gebrauchte Schuhe beizulegen, um so die Chancen ein wenig zu verbessern, als privates Geschenkpaket die Visitation unbeschadet zu überstehen, was derartigen

POTSDAM: „… und dann schreibt sie noch was vom Duft der großen weiten Welt."

BOCHUM: „Zum Schuster lohnt nicht mehr. Kaufe eine Briefmarke und schicke die Schuhe Tante Klara in die Zone."

Sendungen von DDR-Seite die Bezeichnung „Lumpenpakete" eintrug. Erst 1974 sollte die Desinfektionsbescheinigung wieder entfallen.

Um das Maß voll zu machen, waren auch die Einfuhrmargen genau geregelt. Sofern hier, z.B. bei Kaffee, die zulässige Menge von 250 Gramm durch die Beigabe eines zweiten Pakets überschritten war, wurde beschlagnahmt, da es sich nun nicht mehr um eine Geschenksendung, sondern um Handelsware handelte. Und schließlich durfte das Gesamtvolumen einer Sendung den persönlichen Bedarf eines Empfängers bzw. seiner Haushaltsangehörigen nicht überschreiten.

Ein beschlagnahmtes Paket wurde in den 50er-Jahren an den Absender zurückgeschickt, ab 1961 nicht mehr. Die eingezogene Ware wanderte in die Asservatenkammer des nächsten Kriminalpolizeiamtes, von wo sie entweder in das Zentrale Asservatenlager Weißensee weitergeleitet wurde oder, sofern es sich um Lebensmittel oder andere leicht verderbliche Produkte handelte, an Geschäfte ausgeliefert, die vom Amt für Handel und Versorgung ausgewählt worden waren. Mindestens Nahrungsgüter wurden also sofort dem Wirtschaftskreislauf zugeführt.

Die Kontrolle der Pakete fand in der Anfangszeit allein auf manuellem Wege, d. h. durch optische Begutachtung des Zollmitarbeiters statt. Sofern ihm eine Sendung verdächtig erschien, wurde das Paket geöffnet. So konnte bis 1961/62 nur ein Bruchteil der einlaufenden Westware – nur jedes 20. Paket – kontrolliert werden, da schlicht die Kapazitäten fehlten. Auch Abkommandierungen von normalen Postbediensteten konnten den Mangel nur graduell verbessern. Hinzu kamen selbst in den Postkontrollämtern die für die DDR so systemtypischen Versorgungsschwierigkeiten, wie einem Bericht des AZKW-Leiters vom September 1961 zu entnehmen ist:

> [Sehr viel Arbeitszeit geht durch die Wiederverwendung des alten Bindfadens verloren. Berechnung und Test haben ergeben, daß die Arbeitsproduktivität der Öffnungskräfte bei Verwendung neuen Bindfadens bis zu 100 Prozent gesteigert werden kann. Bei genereller Anwendung neuen Bindfadens würde sich die Kontrollkapazität bei Inhaltskontrollen – im Republikmaßstab gesehen – wesentlich steigern lassen.]

Ab den frühen 60er-Jahren ließ sich durch die Einführung von Röntgen-Apparaten die Durchlaufgeschwindigkeit erhöhen; die Höchstkapazität eines der in Belgien erworbenen Geräte lag bei 1500 Paketen innerhalb einer Schicht von acht Stunden. Nach internen Berechnungen ließen sich so 40 500 Sendungen pro Woche durchleuchten, allerdings durchlief jedes Paket drei hintereinander geschaltete Geräte. Trotz des Bemühens, die vorhandenen Ressourcen auszunutzen, sollte es dem AZKW bis zur Auflösung der DDR nicht gelingen, alle Pakete, die in seinen Augen verdächtig erschienen, de facto kontrollieren zu können – ein schwacher Trost allerdings für diejenigen, deren Liebesgaben konfisziert wurden.

Hilfe für „hungernde" Kollegen: Solipakete aus der DDR

Zum Bild vom kollektiven Aufstieg im Wirtschaftswunderland BRD während der 50er-Jahre scheint kaum zu passen, dass sich damals in der Bundesrepublik nach harten Arbeitskämpfen überhaupt erst jene berühmte Tarifpartnerschaft formte, die das Miteinander am Arbeitsmarkt für die folgenden Jahrzehnte so nachhaltig bestimmen sollte. In diesem Zusammenhang spielten eine Reihe von Streiks eine wichtige Rolle, wobei an vorderster Front die Metallarbeiter um Mitbestimmung und gerechte Lohnzahlungen kämpften. Zum längsten und härtesten in der Geschichte Nachkriegsdeutschlands sollte schließlich der Metallerstreik in Schleswig-Holstein von 1956 avancieren, doch auch die Ausstände 1954 in Bayern und 1951 in Hessen – der letztere noch vor dem Mitbestimmungsgesetz – zählen zu Meilensteinen der Streikkultur.

Gerade hier, in der aus sozialistischer Sicht nahezu idealtypischen Auseinandersetzung zwischen Arbeit und Kapital, sahen die Ostberliner Machthaber denn auch einen idealen Hebel, um das revolutionäre Feuer der kämpfenden Genossen jenseits der Demarkationslinie gegen die verhassten „Bonner Revanchisten" zu schüren, und die Demütigungen, die sie mit der gebetsmühlenhaft wiederholten Formel von den „hungernden Brüdern und Schwestern in der Ostzone" aus dem Westen einzustecken hatten, endlich einmal heimzahlen zu können: Schon kurz nach den ersten Streikandeutungen in den metallverarbeitenden Betrieben Hessens etwa zur Jahresmitte 1951 konstituierte sich in Ostberlin als Solidaritätsausschuss der Metallarbeiter der DDR ein Arbeiterkomitee im „Freien Deutschen Gewerkschaftsbund" (FDGB), der ostzonalen Einheitsgewerkschaft. Man sammelte republikweit Gelder ein, um damit Lebensmittel für die „kämpfenden Genossen und ihre Familien" einzukaufen, packte liebevoll Pakete und belud damit drei Eisenbahnwaggons, die zu den hessischen Metallern nach Kassel gekarrt wurden, wo die dortige Arbeiterwohlfahrt die Spenden an die streikenden Kumpel verteilte. Was die Initiatoren bei

Durchführung ihrer Aktion wohl am meisten überrascht haben dürfte, war die Passivität der westdeutschen Zollbeamten, die den Zug mit der feindlichen Konterbande anstandslos passieren ließen. Natürlich wurde das Ereignis in der DDR-Presse gebührend gefeiert, während die westdeutschen Zeitungen, wenn überhaupt, nur an eher versteckter Stelle über diesen gelungenen Propagandacoup berichteten.

Beflügelt vom Erfolg ihrer Aktion setzten die Berliner FDGB-Mannen am 13. November 1951 eine zweite Ladung, ebenfalls aus drei Waggons bestehend, in Marsch. Diesmal allerdings zeigte sich die westliche Grenzkontrolle besser präpariert und der aus Nordhausen anrollende Zug wurde beim Zollamt auf dem Hauptbahnhof Offenbach sichergestellt mit der verklausulierten Begründung, die beiden Empfangsberechtigten – zwei Offenbacher Arbeiter – hätten keine Bezugsgenehmigung gemäß §1(2) der 2. Interzonenhandelsverordnung vom 1. Oktober 1951 beibringen können. Wenige Tage später mussten die Lebensmittelpakete wegen ihres leicht verderblichen Inhalts meistbietend verkauft werden, wobei ein Erlös von knapp 38 000 DM erzielt wurde, der beim Offenbacher Zollamt verblieb.

Das innerdeutsche Liebesgaben-Duell hatte sich damit noch keineswegs erledigt, denn zunächst wieherte erst einmal der Amtsschim-

Zentralverwaltungswirtschaft

In der Zentralverwaltungswirtschaft (volkstümlich: Planwirtschaft) waren sämtliche Produktionsmittel, Unternehmen, Dienstleistungen und der Handel verstaatlicht sowie Preise und Löhne festgelegt. Erste Maßnahmen zu einer vollständigen „Kollektivierung" erfolgten 1945 mit der Bodenreform; parallel dazu fand in mehreren Schüben eine Verstaatlichung der Industrie statt: Ehemalige Einzelunternehmen wurden zu „Vereinigungen Volkseigener Betriebe" (VVBs) zusammengefasst, zu denen jeweils verschiedene Produktionsfirmen als „Volkseigene Betriebe" (VEBs) gehörten. Ab 1950 erfolgten die verbindlichen Produktionsvorgaben durch die „Staatliche Plankommission" (SPK).

mel – und zwar gleich auf höchster Ebene: Am 16. November 1951 berichtete der hessische Innenminister dem Bundesminister für gesamtdeutsche Fragen mit Bezug auf den ersten Transport – der ja mittlerweile bereits ein knappes halbes Jahr zurücklag –, dass sich inzwischen der Bundeswirtschaftsminister in den Vorgang eingeschaltet und verfügt habe, dass die Pakete unter Zollverschluss gehalten werden sollten, bis er über ihre endgültige Verwendung entschieden habe. Anscheinend wusste auch der hessische Innenminister nicht, was mit dem ersten Transport tatsächlich geschehen war:

> Wie der (mit der Nachforschung beauftragte) Polizeipräsident erfahren hat, ist der Inhalt der Waggons infolge eines ‚Versehens' eines Zollbeamten freigegeben worden. Ich halte es daher für erforderlich, den Herrn Bundesfinanzminister von diesem Sachverhalt in Kenntnis zu setzen, damit mit disziplinarischen Maßnahmen gegen den Zollbeamten vorgegangen werden kann.

Immerhin verfügte der Landesminister über so viel politisches Fingerspitzengefühl, dass ihm die Rolle des Dummen August, in welche die ministeriellen Herren allesamt unverhofft schlüpfen mussten, sehr wohl bewusst war: „Auf die politischen Folgen der Verteilung derartiger Pakete aus der Ostzone brauche ich nicht ausdrücklich hinzuweisen." Zunächst zog man daher die untere Charge, die, ohne es zu ahnen, den Vorhang für das Possenstück aufgezogen hatte, zur Verantwortung und leitete gegen den arbeiterfreundlichen Zollbeamten ein Strafverfahren ein.

Damit nicht genug: Inzwischen hatte die Kunde von der erfolgten Beschlagnahme des zweiten Transports auch die Statthalter Ulbrichts in Bonn erreicht: In der zweiten Novemberhälfte 1951 reichte die damals noch nicht verbotene KPD im Bundestag einen Antrag ein, der die Bundesregierung verpflichten sollte, „die seit Tagen auf dem Offenbacher Güterbahnhof stehenden drei Waggons mit über 15000 Kilogramm hochwertiger Lebensmittel, die als Solidaritätsspende der im Freien Deutschen Gewerkschaftsbund zusammengeschlossenen Metallarbeiter der Deutschen Demokratischen Republik für ihre hessischen Kollegen zur Verfügung gestellt worden sind, sofort freizugeben". Da der Antrag durch den bereits erfolgten Verkauf im Moment seines Einbringens bereits gegenstandslos war, musste hinsichtlich der Verwendung des erzielten und immer noch beim Zollamt Offenbach deponierten Gewinns eine Lösung gefunden werden: Knapp zwei Monate später wurde per Bundestagsbeschluss das Geld trotz des Protestes der KPD den Zonenflüchtlingslagern in Uelzen und Gießen zur Verfügung gestellt – diese Retourkutsche konnten sich die Regierungsparteien dann doch nicht verkneifen.

Allerdings hatten die hämischen Politiker die Rechnung ohne den juristischen Wirt gemacht: Gegen die beiden Arbeiter wurde zwar ein Ermittlungsverfahren wegen Devisenvergehens eingeleitet, das vom Oberstaatsanwalt am Landgericht Darmstadt aber im Oktober 1952 wieder eingestellt wurde, weil beide „sich unwiderlegbar in einem strafbefreienden Irrtum gem. § 31 WiSTG [Wirtschaftsstrafgesetzbuch]" befunden hätten. Die Einziehung des Verkaufserlöses durch das Zollamt Offenbach wurde daraufhin ebenfalls wieder aufgehoben und ein Verfahren gegen den Vorsitzenden des Berliner Solidaritätsausschusses der FDGB-Metallarbeiter, also des Absenders, eingeleitet wegen Verletzung der ominösen Interzonenhandelsverordnung vom 1. Oktober 1951, auf deren Grundlage die Beschlagnahme überhaupt erfolgt war.

Tatsächlich sollte der Berliner nun ein Bußgeld zahlen, dessen Höhe sich verblüffend mit der des Verkaufserlöses deckte. Dagegen erhob der Verteidiger des Betroffenen seinerseits Widerspruch und reichte einen Antrag auf gerichtliche Entscheidung ein, dem schlussendlich stattgegeben wurde, da sich auch der Absender wie die beiden empfangenden Arbeiter in einem strafbefreienden Irrtum befunden hätte bzw. die vorherige problemlose Abfertigung des ersten Transports ihn in seinem Tun bestärken musste. Auch jetzt war der letzte Akt der Tragikomödie noch nicht erreicht, da gegen den Richterspruch das den Offenbachern übergeordnete Hauptzollamt Frankfurt Rechtsbeschwerde einlegte, vorsichtshalber aber bei seiner Aufsichtsbehörde, der Oberfinanzdirektion Frankfurt nachfragte, ob man gegebenenfalls durch alle Instanzen gehen solle, worauf die klugen Vorgesetzten ihre eifrigen Zöllner anwiesen, die Beschwerde zurückzuziehen. Die Groteske endete schließlich mit einer lakonischen Dienstanweisung des Bundesministeriums der Finanzen, das mit Schreiben vom 2. August 1954, also rund drei Jahre nach Beginn des innerdeutschen Kräftemessens, verfügte, ohne Wenn und Aber den „Verwertungserlös an den Beschlagnahmegegner [also das Berliner Solidaritätskomitee] herauszugeben".

Spalttabletten in Kaffeetüten: Paketausstellungen als erzieherische Maßnahme

Trugen Propaganda-Aktionen wie die anlässlich des Metallarbeiterstreiks mangels Masse und Möglichkeiten eher unikalen Charakter, scheuten die DDR-Machthaber bei der „Aufklärung" der eigenen Bevölkerung hingegen keinen Aufwand: So fütterte das AZKW die Zeitungen und Illustrierten in regelmäßigen Abständen mit Berichten und Fotos von der zollpostalischen Abwehrfront und den täglich dort eintreffenden Boshaftigkeiten in Paketform. Auch in den Postämtern der DDR lagen wie bei den westlichen Instituten Merkzettel aus, mit denen Bürgerinnen und Bürger eindringlich vor den Gefahren westlicher „Liebesgaben" gewarnt wurden. Da diese Maßnahmen jedoch nicht die erhoffte Tiefenwirkung zeitigten, entschloss sich das AZKW, selbst vor das Publikum zu treten und mit einem neuen Medium über die eigene Abwehrarbeit aufzuklären: Ob der erste Anstoß, mit republikweit gezeigten Ausstellungen in eine neue Phase der Überzeugungsarbeit einzutreten, aus dem MfS erfolgte oder möglicherweise aus dem Zentralkomitee der SED selbst, lässt sich nicht mehr feststellen. Im Juni 1958 jedenfalls präsentierte das AZKW in Berlin auf dem Pressefest des Zentralorgans *Neues Deutschland* unter dem Titel „Das AZKW berichtet" eine erste kleine Ausstellung, in der auf 12 Tafeln und in zwei Vitrinen „das Schieber- und Spekulantentum an der Sektorengrenze und im Paketverkehr" dargestellt und aufgezeigt wurde, „wie der Klassengegner versucht, den Aufbau unserer Wirtschaft zu schädigen". Wie einer werbenden Notiz des amtlichen Pressereferats vom 22. September 1958 zu entnehmen ist, erfolgte die Eröffnung kurze Zeit nach „Aufhebung der Reste der Lebensmittelrationierung"[5] und man war guter Dinge, die Bevölkerung angesichts der Entspannung in der Ernährungsfrage nun verstärkt „in den Kampf gegen die Nutznießer der Spaltung unseres Vaterlandes einbeziehen" zu können. In der Folge tourte die Schau, die man zusammen mit der staatlichen Werbeagentur DEWAG konzipiert und gestaltet hatte, noch durch die Städte Cottbus, Seelow, Neustrelitz und Neubrandenburg.

Vier Jahre später mussten anlässlich der Feierlichkeiten zum 10. Jahrestag der AZKW-Gründung sogar zwei Ausstellungen auf die Beine gestellt werden, wobei die Planung der einen bereits im Januar 1961 durch den Entwurf eines „Maßnahmeplanes", wie es im schönsten Amtsdeutsch der DDR hieß, anlief. Wahrscheinlich sollte diese Ausstellung, die den bezeichnenden Titel „Geplatzte Pakete" trug, schon Ende 1961 gezeigt werden, doch hatte der Mauerbau am 13. August 1961 auch den Mitarbeitern des AZKW einen Strich durch die Rechnung gemacht, dürften doch die „Herausforderungen" bei der „Grenzsicherung" die schöpferische Arbeitskraft der involvierten Mitarbeiter für geraume Zeit absorbiert haben. Der Plakatentwurf, bereits Ende 1961 abgesegnet, nahm motivisch den Titel der Ausstellung auf und präsentierte einen Mann auf dem Weg zum Postamt, unter jedem Arm ein Paket tragend, während ein drittes, ihm gerade entglitten, auf dem Trottoir durch den Aufprall aufplatzt.

Ein eigens bestellter „Drehbuchautor" hatte ein detailliertes Gesamtkonzept entworfen, das eine Aufteilung der Ausstellung in vier Themenbereiche vorsah. In der ersten Abteilung sollte anhand von verschiedenen Textilien wie Bettwäschegarnituren, Schlafanzügen aber auch Pelzmänteln, die von DDR-Bürgern im Rahmen eines Kompensationsgeschäfts für erhaltene Westpakete in die Bundesrepublik geschickt wurden, die künstliche Schaffung einer Versorgungslücke thematisiert werden. Die Dramatik wurde durch eine großformatige Umrisskarte von beiden Teilen Deutschlands gesteigert, worauf Pakete in Linienformation die Grenze von Ost nach West überflogen. Gleichzeitig sollte in einer Vitrine die Schäbigkeit der Westgeschenke demonstriert werden: Hier kamen unter dem empörten Aufschrei „In Paketsendungen aus Westdeutschland! Unglaublich aber wahr!" völlig abgetragene und durchlöcherte Kleidungsstücke zum agitatorischen Einsatz, zur optischen Verstärkung hatte der Drehbuchautor eine Mülltonne mit schrottreifen Schuhen neben der Vitrine platziert.

In der zweiten Abteilung sollte u. a. der Medikamentenschmuggel von West nach Ost mit verschiedenen Verstecken wie Spalttabletten in gefüllten Kaffeetüten oder selbstgebackenen Kuchen, in denen sich Hautcremes verbargen, vorgeführt werden. Aus Sicht der Propaganda bewies die Aufdeckung des Contergan-Skandals 1961 dann endgültig ihre seit Jahr und Tag vertretenen Thesen, dass die Menschen in Westdeutschland sich nicht nur selbst vergifteten, sondern auch noch ihre

James Bond lässt grüßen: Ein Postbeamter führt ein Buch mit einem darin versteckten Revolver vor, Aufnahme aus einer 1955 veranstalteten Wanderausstellung des „Amtes für Zoll und Warenkontrolle" der DDR.

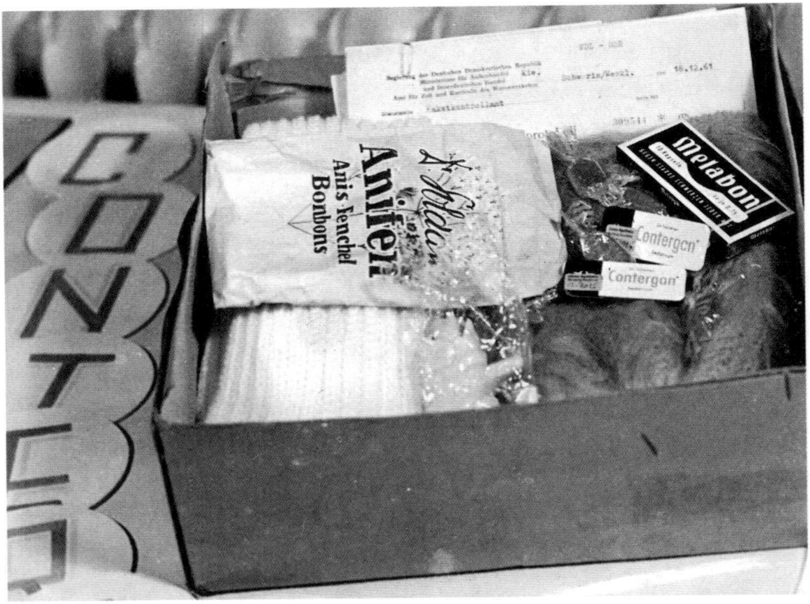

Als Anisbonbon getarnt: Medikamentenschmuggel in Westpaketen, 1961.

ostdeutschen Brüder und Schwestern schädigen wollten. Für die dritte Abteilung – thematisch der „Schmutz- und Schund"-Literatur gewidmet – stellte sich der Gestalter einen Bretterzaun vor, in den eine Anzahl von Löchern gebohrt werden sollte. Hier durfte der Besucher sein Auge anpressen (wie weiland der Voyeur am Badestrand, als es noch die Trennung in Damen- und Herrenbad gab), um ausgewählte Westliteratur zu erspähen, „die eindeutig den militärisch-revanchistischen, antikommunistischen und sensationellen Charakter sowie den Wildwest- und Kriminalschmöker mit Nervenkitzel offenbaren" sollte. Das kompositorische „Highlight" hatte sich der Entwerfer für seine letzte Abteilung aufgehoben: Dort wollte er einen überdimensionalen Stiefel zum Einsatz bringen, aus dem ein Baum wuchs, an dessen Ästen eine Reihe von Paketen hing. „Verziert" werden sollte der Stiefel mit den Konterfeis der Bundesminister Strauß, Lemmer und Seebohm[6], und als Krönung der Baumspitze war ein NATO-Helm vorgesehen, auf dem ein Ebenbild des Bundesadlers prangte. Die Pakete sollten groß die Namen „enttarnter“ westdeutscher Versandorganisationen tragen. Mit der extravaganten Skulptur war dem Drehbuchautor eine Art dreidimensionale Zusammenfassung der westdeutschen Politik gelungen – nach offizieller DDR-Interpretation, versteht sich: Sie stand sinnbildlich für einen aggressiv-militaristischen, moralisch verkommenen und korrumpierenden Staat.

Trotz umfangreicher „Popularisierung“, wie die Werbemaßnahmen für den Besuch der Ausstellung in einer Lageeinschätzung des AZKW vom Mai 1962 sprachlich erfasst wurden, muss sich die Begeisterung des Publikums in Grenzen gehalten haben. Zwar sei die Schau, so der Berichterstatter, auf ihren Stationen in Leipzig, Halle, Dessau, Bitterfeld, Eisleben und Merseburg enthusiastisch von den örtlichen Parteiorganen gefeiert worden, doch hätten sich in allen Ausstellungsorten zusammen insgesamt nur 55 000 Menschen zu einem Besuch animieren lassen. Auch thematisch und inhaltlich konnte die mit so viel Mühe komponierte Schau nur die Wenigsten überzeugen, wie ein „Auswertungsoffizier“ des AZKW glaubte, kritisch einräumen zu müssen. Fast überall seien die betreuenden Mitarbeiter des AZKW nämlich mit einem ähnlich lautenden Fragenspektrum konfrontiert worden:

> Warum ist die Einfuhr von Medikamenten verboten? Warum darf man keine Fachzeitschriften und Modezeitschriften aus WD [Westdeutschland] erhalten? Warum macht das AZKW bei der Beschlagnahme von Bettwäsche keine Unterschiede zwischen der Neuproduktion und altem Familienbesitz? Warum ist die Kriegsliteratur aus WD so gefährlich, obwohl auch in der DDR Kriegsliteratur vertrieben wird?

Die logische Schlussfolgerung, dass das Publikum sich trotz aller Liebesmüh in keiner Weise für die Notwendigkeit einer offensiven Grenz- und Zollkontrolle erwärmen konnte, zog der gute Mann dann lieber doch nicht.

Die zweite Ausstellung, die am 8. September 1962 im „Internationalen Ausstellungszentrum der Deutschen Demokratischen Republik“ am Berliner Bahnhof Friedrichstraße mit gehörigem Pomp eingeweiht wurde, holte thematisch noch einen Schritt weiter aus: Hier sollte gemäß Organisationsplan zur üblichen inhaltlichen Ausrichtung auch noch die Darstellung der „spalterischen Tätigkeit der Bonner Ultra auf dem Gebiet des Zollwesens“ treten, um den „Charakter und die Rolle des westdeutschen Zolls aus der Tradition des nationalsozialistischen Zolls“ herauszuarbeiten.

Man hatte offensichtlich aus den bitteren Erfahrungen der nur wenige Monate zuvor eröffneten Parallel-Ausstellung gelernt: Für die „Popularisierung“ wurden in einem Crashkurs eigens Werbeoffiziere des AZKW geschult, die im Vorfeld durch die Republik reisen und in Schulen und Betrieben Besuchszusagen erbitten mussten, denen sich kaum jemand entziehen konnte. So pilgerten schließlich komplette Kollektive durch die wiederum als Wanderausstellung konzipierte Schau – und trieben so die Publikumszahlen in vorzeigbare Höhen. Jeden Tag mussten zudem die Zollkommissare, die als Führer und Betreuer fungierten, detaillierte Berichte über die Publikumsreaktionen anfertigen und ihren Vorgesetzten zur Begutachtung vorlegen. Trotz der intensiven Vorbereitung und werblichen Überzeugungsarbeit schien auch diese aufwendig gestaltete Ausstellung nur die wenigsten Besucher in ihren Bann zu ziehen, wie der diensthabende Genosse Kommissar in seinem Bericht vom 14. September traurig festhalten musste:

> Auffallend am heutigen Besuchertage war, daß viele Jugendlichen nach dem Verbleib beschlagnahmter und eingezogener Waren fragten. Die (eingesetzten) Propagandaoffiziere haben übereinstimmend erklärt, daß sie den Eindruck hatten, daß bei diesen Jugendlichen eine bestimmte Linie bei ihrer Fragestellung vorhanden war.

Einen Hauptanziehungspunkt der Schau bildete ein Röntgengerät, wie es in den Postkontrollämtern zum Einsatz kam. In einem Bericht vom

27. September wird detailliert ausgeführt, dass an diesem Tag zwei junge Mädchen von der „20. Oberschule Pankow“ mit fertig gepackten Paketen erschienen, um die Leistungsfähigkeit des Gerätes zu testen. Der am Röntgenapparat eingesetzte Kollege war allerdings nicht in der Lage, die in den Paketen befindlichen Waren bis aufs I-Tüpfelchen zu bestimmen; so tippte er z. B. bei Zigaretten auf Salzstangen. In seinem Resümee sah sich der Berichterstatter veranlasst, auf die negativen Folgen derartiger Pannen hinzuweisen und empfahl: „Die Röntgenkontrolleure sollten angewiesen werden, solche Vorfälle künftig auf geschickte, aber bestimmte Art unter allen Umständen zu verhindern.“ Er sprach sich für ein Abschalten der Apparate aus. Wie in der anderen Ausstellung, gab es bis auf wenige Ausnahmen staatstreuer Besucher kaum positive Rückmeldungen, und um den Misserfolg zu komplettieren, wurden aus der Ausstellung während ihres Tourstopps in Frankfurt a. d. Oder zu allem Überfluss auch noch „eine Minox-Kleinbildkamera, eine Perfekta-Gaspistole und ein Stilett gestohlen“. Gleichwohl gab das AZKW seine ambitionierten Austellungspläne keineswegs auf, sondern veranstaltete in den Folgejahren immer mal wieder eine neue Schau, die dann, wie im Juli 1981, mit der Parteischule des Zentralkomitees der SED „Karl Liebknecht“ in Klein-Machnow, vor allem die ohnehin schon ideologisch Gefestigten mit einem Besuch beehrte.

Kaum ein anderes Ausdrucksmedium alltäglicher Sozialpraktik(en) spiegelt die Geschichte des Kalten Krieges ähnlich konkret wieder wie das von Westdeutschland aus ins Land des feindlichen Bruders versandte Liebesgabenpaket. Hier materialisierte sich über vier Jahrzehnte der jeweils vorherrschende Zeitgeist, vor allem aber das ganz gewöhnliche „Business-as-usual“ zwischen den beiden einander feindlich gegenüberstehenden Systemen des Westens und des Ostens. Jedes Paket, jede Liebesgabe, egal ob privat oder von einer Organisation verschickt, erwies sich jenseits der ohnehin bestehenden ideellen oder emotionalen Aufladung, die Sender wie Empfänger damit verbanden, als Politikum ersten Ranges. Insofern lässt sich hier gleich einem

Nur keine Freude anmerken lassen: Austragen von Geschenkpaketen aus dem Westen durch DDR-Postler, 1961.

Lehrstück auch die Alltagsgeschichte der propagandistischen Systemauseinandersetzung konkretisieren. Ob die Kraft des moralischen Einflusses, den die Machthaber in der DDR den Westpaketen stets zuschrieben, allerdings dazu beitrug, das System stürzen zu helfen, darf dann doch bezweifelt werden.

Anmerkungen

Liebesgaben für Soldaten

1 Das 1793 vom Pariser Revolutionstribunal, dem Wohlfahrtsausschuss, erlassene Gesetz der *Levée en masse* (Massenerhebung) verpflichtete alle jungen, unverheirateten Männer zwischen 18 und 25 Jahren zum Kriegsdienst. Es war eine Gegenreaktion auf die kriegerischen Anstrengungen der europäischen Mächte, den Status quo vor der Französischen Revolution wiederherzustellen.

2 Heinrich von Stephans (1831–1897) Verdienste um die Organisation des Feldpostdienstes im Deutsch-Französischen Krieg prädestinierten ihn zum Generalpostdirektor des Kaiserreiches. Er gilt nicht nur als Begründer der Deutschen Reichspost, sondern auch als Erfinder der Postkarte, als deren Vorläufer er während des Krieges die sogenannte Correspondenzkarte einführte, welche kostenlos an die Soldaten verteilt wurde – wenn man so will, war dies auch eine Art von „Liebesgabe".

3 Aus der Denkschrift Heinrich von Stephans *An das Publicum* vom 22. August 1870, zit. nach Klaus Beyer (Hg.), *Kommunikation im Kaiserreich. Der Generalpostmeister Heinrich von Stephan*, Katalog Nr. 2 der Museumsstiftung Post und Telekommunikation, Frankfurt/M. 1997, S. 65.

4 *Die freiwillige Hilfsthätigkeit im Großherzogtum Baden im Kriege 1870/71. Rechenschaftsbericht der vereinigten Hilfskomite's des badischen Frauenvereins unter dem Protektorate Ihrer Königlichen Hoheit der Großherzogin Luise von Baden und des Männerhilfsvereins zu Karlsruhe*, Karlsruhe 1872.

5 Hans von Kretschmann, *Kriegsbriefe aus den Jahren 1870/71*, hg. von Lily Braun, Stuttgart 1904. Die bekannte Sozialdemokratin und Frauenrechtlerin Lily Braun war Kretschmanns Tochter.

6 Zit. nach Isa Schikorsky (Hg.), *‚Wenn doch dies Elend ein Ende hätte'. Ein Briefwechsel aus dem Deutsch-Französischen Krieg 1870/71*, Köln u.a. 1999. Der Schriftverkehr des Braunschweiger Tischlergesellen und Kriegsteilnehmers Albert Böhme mit seiner Frau Friederike fand zwischen Juli 1870 und Juni 1871 statt.

7 Aufruf in der Freiburger Zeitung vom 27. September 1870.

8 1905 legte Generalfeldmarschall Alfred Graf von Schlieffen eine Denkschrift vor, in der, von den damals aktuellen Bündnissystemen

ausgehend, die Idee eines Zweifrontenkrieges gegen Frankreich und Russland unter Hilfestellung Österreich-Ungarns entwickelt wurde.

9 Im Nationalen Frauendienst (NFD), der bereits am 3. August 1914 gegründet wurde, waren zusammengeschlossen: der Bund Deutscher Frauenvereine (BDF), mit ihm seine Unterorganisationen wie der Jüdische Frauenbund und der Deutsch-evangelische Frauenbund, des Weiteren der Deutsch-katholische Frauenbund, die Frauenorganisationen der Gewerkschaften und der SPD. Ziel dieser unter staatlicher Aufsicht stehenden Organisation sollte es sein, unter der Parole „es ist unsere heilige Pflicht" an der Heimatfront die Fürsorge und den Nachschub aufrechtzuerhalten.

10 Der Vaterländische Frauenverein, eine Unterorganisation des Roten Kreuzes, wurde 1866 auf Initiative der preußischen Königin gegründet. Die Ausrichtung des Vereins hin auf eine Kriegshilfe-Organisation verrät schon die Eigenbezeichnung – so titulierte sich der Verein selbst als „Armee der Kaiserin".

11 Nach einer Aufstellung des Roten Kreuzes vom November 1917 waren im Verband Deutscher Wohlfahrtsvereinigungen zusammenschlossen: Caritasbund, Deutsch-Israelitischer Gemeindebund, Evangelischer Diakonieverein, Arbeitsausschuss für Kriegerwitwen und Waisenfürsorge, Zentralausschuss für Innere Mission der Evangelischen Kirche, Deutsche Zentrale für Jugendfürsorge, Invalidendank, Deutscher Verein für Volkshygiene, Verein für Armenpflege und Wohltätigkeit, Kaiserswerther Verband Deutscher Diakonissen Mutterhäuser, dazu sämtliche Landesvereine des Roten Kreuzes und viele Frauenvereine.

12 Der durchschnittliche Tageslohn eines Arbeiters bewegte sich zu Beginn des Esten Weltkrieges zwischen 3,50 und 6 Mark, je nach Ausbildung und Tätigkeit.

13 Nur drei weitere Beispiele: Hugo Seifert, *Bericht über die Weihnachtsliebesgaben-Sendung der Stadt Leipzig und der übrigen Stadt- und Landgemeinden im Bezirk des XIX. Armeekorps nach dem westlichen Kriegesschauplatz Dezember 1914*, Leipzig 1915; Carl Hirsch, *Meine Liebesgaben-Fahrten durch Belgien nach Frankreich. Gesehenes und Erlebtes*, Konstanz 1916; Ernst A. Wülfing, *Bei badischen Truppen an der Westfront mit einem Liebesgaben-Transport*, Heidelberg 1916.

14 Die Euskirchener führten im ersten Kriegsjahr sogar zwei Transporte durch; neben der beschriebenen Fahrt fand im Oktober 1914 noch eine zweite statt.

15 Das Amt des „Militär-Inspekteurs der freiwilligen Krankenpflege" wurde zuerst im Preußisch-Österreichischen Krieg 1866 unter dem Titel „Königlich preußischer Militär-Inspekteur der freiwilligen Krankenpflege" geschaffen. Vom Kaiser als Reichskommissar eingesetzt, unterstand dem Inspekteur während des Ersten Weltkriegs die gesamte Wohlfahrtspflege. Der Amtsinhaber hielt sich im Großen Hauptquartier oder in der Entourage des Kaisers auf und hatte mehr repräsentative Funktion, während sein Stellvertreter in der Heimat die eigentlichen Dienstgeschäfte führte. Gerade Letzterer erwies sich für die Arbeit des Roten Kreuzes als überaus hilfreich, da nicht nur alle seine Erlasse, die verbindlichen Gesetzescharakter trugen, in enger Fühlungnahme mit der Wohlfahrtsorganisation entstanden, sondern der dieses Amt bekleidende Generalmajor Herzog zu Trachenberg, Hermann Fürst von Hatzfeldt selbstverständlich über erstklassige gesellschaftliche Verbindungen nicht nur zu den führenden Militärs, sondern auch zu allen relevanten zivilen Entschei-

dungsträgern verfügte: So hatte von Hatzfeldt u. a. vor dem Krieg die Freikonservative Partei als Mitglied im Reichstag vertreten, war Oberpräsident Schlesiens gewesen und während des Krieges zunächst als Generalgouverneur für das besetzte Kongress-Polen vorgesehen.

16 Die Behörde beschäftigte sich als Vorläuferin der heutigen Physikalisch-Technischen Bundesanstalt, welche dem Wirtschaftsministerium angegliedert ist, mit gesetzlichen Regelungen in der Metrologie, also der Maß- und Gewichtskunde.

17 Die „Nationalsozialistische Volkswohlfahrt" (NSV) wurde am 3.5.1933 als Fürsorgeeinrichtung der NSDAP gegründet. Unterstellt war sie dem „Hauptamt für Volkswohlfahrt" der Partei, blieb aber als eingetragener Verein selbstständig. 1939 zählte die NSV rund 11 Millionen Mitglieder.

18 Der „Eintopfsonntag" wurde am 1.10.1933 eingeführt. Zwischen Oktober und März sollte auf allen deutschen Mittagstischen an jedem ersten Sonntag des Monats nur ein einfacher Eintopf statt des Sonntagsbratens stehen. Das bei der Zubereitung eingesparte Geld – der Eintopf durfte nicht mehr als 50 Pfennig pro Person kosten – wurde von Mitgliedern der NSV direkt an der Haustür einkassiert.

19 Treibstoff und Kohle standen bereits seit 1937 unter Staatsaufsicht, waren also rationiert.

20 Die geheimen Lageberichte des Sicherheitsdienstes (SD) der SS wurden von 1939 bis Mitte 1943 unter dem Titel „Meldungen aus dem Reich" zusammengefasst. Der Inlandsnachrichtendienst der SS, geleitet von SS-Gruppenführer Otto Ohlendorf, bildete ab September 1939 das Amt III des Reichssicherheitshauptamtes.
Es war in vier Abteilungen gegliedert (Rechtsordnung/Reichsaufbau, Volkstum, Kultur, Wirtschaft).
Den hier tätigen SS-Führern und -unterführern arbeiteten reichsweit und in den besetzten Gebieten rund 30 000 Spitzel aus der Bevölkerung zu, die intern als V-Leute bezeichnet wurden. Auf der Grundlage dieser Stimmungsberichte erstellte das Amt III dann die „Meldungen aus dem Reich". Zunächst dreimal wöchentlich, mit zunehmender Kriegsdauer dann zweimal pro Woche wurden fortlaufend nummerierte, z.T. sehr detaillierte Berichte angefertigt.

21 Hitlers „getreuester Gefolgsmann" – wie er sich selbst bezeichnete – wurde 1932 Reichstagspräsident, leitete ab 1933 als Reichskommissar das preußische Innenministerium, wo er die spätere Gestapo aufbaute. Im gleichen Jahr wurde er preußischer Ministerpräsident, ab 1935 Oberbefehlshaber der Luftwaffe, 1936 Leiter des Vierjahresplans – damit avancierte er zum Reichs-Wirtschaftsdiktator –, 1938 Generalfeldmarschall. 1939 bestimmte ihn Hitler zu seinem Nachfolger.

22 Görings Prunk- und Titelsucht war legendär. Der in der Berliner Schorfheide auf seinem luxuriösen Jagdschloss Carinhall gern prunkvolle Feste ausrichtende „Reichsforst- und -jägermeister" verfügte als leidenschaftlicher Sammler nicht nur über eine erlesene Weinkollektion, sondern baute während des Krieges eine veritable Kunstsammlung auf, indem er aus allen Ländern Europas wertvolle Gemälde und Skulpturen rauben ließ.

Eine Gabe von einem Freund

1 Die nachfolgenden Ausführungen zur „Meta-Geschichte" von C.A.R.E. stützen sich im Wesentlichen auf die vorbildliche Studie von Karl-Ludwig Sommer, *Humanitäre Auslandshilfe als Brücke zu atlantischer Partnerschaft. CARE, CRALOG und die Entwicklung der deutsch-amerikanischen Beziehungen nach Ende des*

Zweiten Weltkriegs, Bremen 1999.

2 Vgl. Hermann Stöhr, *So half Amerika. Die Auslandshilfe der Vereinigten Staaten*, Stettin 1936, S. 113.

3 Das Schlüsselwort *relief*, welches sehr häufig im Namen amerikanischer Wohlfahrtsorganisationen erscheint, hat eine doppelte Bedeutung: Zum einen ist darunter die abstrakte „Hilfe", zum anderen sind darunter aber auch die „Hilfsgüter" selbst zu verstehen.

4 Gemeint ist die aus der 1918 erfolgten Zerschlagung des österreichisch-ungarischen Vielvölkerstaats entstandene Republik Österreich in ihren heutigen Grenzen.

5 Zur Verbesserung der Lesbarkeit wird im Text auf das Setzen der Punkte verzichtet.

6 American Christian Committe for Refugees, American Jewish Joint Distribution Committee, American Aid to France, American Friends Service Committee, American Relief for Czechoslovakia, American Relief for Norway, American Relief for Poland, Congregational Christian Service Committee, Committee on Christian Science, /Wartime Activities of the Mother Church, Cooperative League of the U.S.A., International Rescue and Relief Committee, Labor League for Human Rights, National CIO Community Services Committee, Paderevski Testimonial Fund, Save the Children Federation, Tolstoy Foundation, Unitarian Service Committee, United Lithuanian Relief Fund of America, United Ukrainian American Relief Committee, United Yugoslav Relief Fund of America, War Relief Services/National Catholic Welfare Conference, Y.W.C.A./World Emergency and War Victims Fund.

7 Der Theologe und Politiker Gerstenmaier (1906–1986) stand während der Zeit des „Dritten Reiches" der Bekennenden Kirche nahe, war Mitglied des Kreisauer Kreises und wurde nach dem Stauffenberg-Attentat auf Hitler am 20. Juli 1944 verhaftet, vor dem Volksgerichtshof angeklagt und zu sieben Jahren Zuchthaus verurteilt. Nach seiner Befreiung durch die Amerikaner baute er das Hilfswerk der Evangelischen Kirche auf, das er bis 1951 leitete. Von 1949 bis 1969 saß er als CDU-Abgeordneter im Bundestag, von 1954–1969 amtierte er als Bundestagspräsident. 1966 bot ihm Kurt-Georg Kiesinger, der Bundeskanzler der ersten großen Koalition, das Amt des Außenministers an, das er jedoch ablehnte.

8 Ruth Slembek-Aldinger, *Carepaket mit Erdnussbutter*, Tübingen 2001.

Wohlfahrt im Kalten Krieg

1 Die Paketkontrollämter (PKA) wurden in den 60er-Jahren in Paketzollämter (PZA) umbenannt. Anfangs existierten sieben dieser Einrichtungen mit einem Personal von rund 1600 Mitarbeitern.

2 Ein zweites Inhaltsverzeichnis, das mit dem ersten identisch zu sein hatte, musste beim westdeutschen Postamt hinterlegt werden, um im Falle einer Beschlagnahme bzw. Rücksendung Schadenersatzansprüche geltend machen zu können.

3 Zu den wichtigsten Aufgaben des Ministeriums zählte in den 50er- und 60er-Jahren die Förderung der Wiedervereinigung, der man vor allem mit einer Fülle von Publikationen nachzukommen suchte. Selbstredend waren diese Schriften wie z. B. die *Bonner Berichte aus Mittel- und Ostdeutschland* vom Geist des Kalten Krieges und einer gehörigen Prise Revanchismus geprägt: Mit „Mitteldeutschland" waren im damaligen Sprachgebrauch die DDR und mit „Ostdeutschland" die „unter polnischer Verwaltung stehenden deutschen Ostgebiete" gemeint, also das ehemalige Ostpreußen. Das Ministerium wurde 1969 in Bundesministerium für innerdeutsche Beziehungen umbenannt, um, mit Einsetzen der

Brandtschen Ostpolitik, seine gewandelten Aufgaben zu demonstrieren.

4 So verschickte der „Hilfsfond Father Dr. h.c. Reichenberger“ von Westberlin aus Südfrüchte-Pakete, das „Hilfswerk Masuren“ war, wie der Name schon verrät, vorwiegend in der Hilfe für Deutsche in Polen aktiv. Das DRK arbeitete eng mit der in Bremen aktiven „Deutschen Bruderhilfe“, zusammen, die von den Aufklärern des AZKW als üble revanchistische Gruppe eingestuft wurde, weil sie im gleichen Haus wie eine landsmannschaftliche Vereinigung logierte; im Bayerischen betätigte sich ein „Hilfsring Rübezahl“, dessen verschiedene Untergruppen in ihren Aktionen relativ selbstständig und äußerst konspirativ agierten, und ab 1960 agitierte der Verein „Ulmer helft euern Mitbürgern“ die eigenen Münsterstädter mit Flugblättern und Zeitungsaufrufen, mehr für die Menschen in der DDR zu tun. Die kleine Auswahl ließe sich beliebig erweitern.

5 Die letzten Lebensmittelkarten wurden in der DDR am 28.5.1958 abgeschafft.

6 Franz Josef Strauß war damals Verteidigungsminister, Ernst Lemmer leitete das Ministerium für gesamtdeutsche Fragen und Hans-Christoph Seebohm stand dem Verkehrsministerium vor.

Literatur

Aly, Götz, *Hitlers Volksstaat. Raub, Rassenkrieg und nationaler Sozialismus*, Frankfurt a.M. 2005

Amos, Heike, *Die Westpolitik der SED 1948/49–1961. „Arbeit nach Westdeutschland" durch die Nationale Front, das Ministerium für Auswärtige Angelegenheiten und das Ministerium für Staatssicherheit*, Berlin 1999

Berghes, Ingeborg v., *Die Auslandshilfe der Vereinigten Staaten in der Nachkriegszeit. Eine Studie über Umfang, Verteilung, Form und Methoden, Zielsetzung und Motivation der amerikanischen Auslandshilfe von 1945 bis 1963 mit besonderer Berücksichtigung der Entwicklungshilfe*, Freiburg i. Br. 1967

CARE International Deutschland (Hg.), *CARE: Ein Paket mit Zukunft. 60 Jahre weltweite Hilfe – 25 Jahre CARE Deutschland*, Nierstein a. Rhein 2005

Fieberg, Klaus, „Vorsicht: Liebesgaben! Millionenfach versandte Westpakete: Ausdruck nationaler Zusammengehörigkeit oder Instrument westlicher Unterwanderung?", in: *Praxis Geschichte,* Heft 18, 2005, S. 18–22

Flamm, Franz, *Freiburger Erinnerungen an die amerikanischen Quäker 1920–1953*, Freiburg i. Br. 1990

Gaethke, Birte (Hg.), *Liebesgaben für den Schützengraben 1914–1918*, Katalog der gleichnamigen Ausstellung im Altonaer Museum in Hamburg, Hamburg 1994

Giesecke, Jens (Hg.), *Staatssicherheit und Gesellschaft. Studien zum Herrschaftsalltag in der DDR*, Göttingen 2007

Gries, Rainer, *Die Rationen-Gesellschaft. Versorgungskampf und Vergleichsmentalität: Leipzig, München und Köln nach dem Kriege,* Münster/W. 1991

Guttmann, Barbara, *Weibliche Heimarmee. Frauen in Deutschland 1914–1918*, Weinheim 1989

Hämmerle, Christa, *„Zur Liebesarbeit sind wir hier, Soldatenstrümpfe stricken wir." Zu Formen weiblicher Kriegsfürsorge im Ersten Weltkrieg*, Wien 1996

Hämmerle, Christa, „‚Habt Dank Ihr Wiener Mägdelein ...' Soldaten und weibliche Liebesgaben im Ersten Weltkrieg", in: *L'Homme. Zeitschrift für Feministische Geschichtswissenschaft*, 8. Jg., Heft 1, 1997

Härtel, Christian / Kabus, Petra (Hg.), *Das Westpaket. Geschenksendung, keine Handelsware*, Berlin 2001

Hammerschmidt, Peter, *Die Wohlfahrtsverbände im NS-Staat. Die NSV und die konfessionellen Verbände Caritas und Innere Mission im Gefüge der Wohlfahrtspflege des Nationalsozialismus*, Opladen 1999

Hammerschmidt, Peter, *Wohlfahrtsverbände in der Nachkriegszeit. Reorganisation und Finanzierung der Spitzenverbände der freien Wohlfahrtspflege 1945 bis 1961*, Weinheim u. München 2005

Hegel, Andrea v., „‚Jede Liebesgabe hilft mit zum Siege.' Weihnachtsliebesgaben und Wohltätigkeitsveranstaltungen für die Soldaten im Ersten Weltkrieg", in: *DHM Magazin*, Jg. 5, Heft 14, 1995

Heymel, Charlotte, *Touristen an der Front. Das Kriegserlebnis 1914–1918 als Reiseerfahrung in zeitgenössischen Reiseberichten*, Münster u. a. 2007

Kretzschmar, Winfried W., *Auslandshilfe als Mittel der Außenwirtschafts- und Außenpolitik. Eine Studie über die amerikanische Auslandshilfe von 1945 bis 1956 unter Berücksichtigung sowohl wirtschaftlicher als auch praktisch-politischer Gesichtspunkte*, München 1964

Lochner, Louis P., *Herbert Hoover und Deutschland*, Boppard 1961

Lutzer, Kerstin, *Der Badische Frauenverein 1859–1918. Rotes Kreuz, Fürsorge und Frauenfrage*, Stuttgart 2002

Oppelt, Ulrike, *Film und Propaganda im Ersten Weltkrieg. Propaganda als Medienrealität im Aktualitäten- und Dokumentarfilm*, Stuttgart 2002

Ranke, Winfried u. a., *Kultur, Pajoks und CARE-Pakete. Eine Berliner Chronik 1945–1949*, Berlin 1990

Riesenberger, Dieter, *Das Deutsche Rote Kreuz. Eine Geschichte 1864–1990*, Paderborn 2002

Schindelbeck, Dirk, „Kalter Krieg mit Druckerschwärze. ‚Psychologische Kampfführung' im innerdeutschen Konflikt", in: *Universitas. Zeitschrift für interdisziplinäre Wissenschaft*, 53. Jg., Nr. 626, Aug. 1998

Sommer, Karl-Ludwig, *Humanitäre Auslandshilfe als Brücke zu atlantischer Partnerschaft. CARE, CRALOG und die Entwicklung der deutsch-amerikanischen Beziehungen nach Ende des Zweiten Weltkriegs*, Bremen 1999

Stöhr, Hermann, *So half Amerika. Die Auslandshilfe der Vereinigten Staaten 1812–1930*, Stettin 1936

Verhey, Jeffrey, *Der „Geist von 1914" und die Erfindung der Volksgemeinschaft*, Hamburg 2000

Vollnhals, Clemens, *Der Schein der Normalität. Alltag und Herrschaft in der SED-Diktatur*, München 2002

Wollasch, Hans-Josef, *Humanitäre Auslandshilfe für Deutschland nach dem Zweiten Weltkrieg. Darstellung und Dokumentation kirchlicher und nichtkirchlicher Hilfen*, Freiburg i. Br. 1976

Bildnachweis

S. 23: Archiv des Deutschen Roten Kreuzes Berlin, Bild-Nr. 289; S. 24: Illustrirte Zeitung, Verlag von J.J. Weber Leipzig, Kriegsnummer 45 (Nr. 3754), 1915; S.32: Privatarchiv Ilgen; S.37: Privatarchiv Ilgen; S. 38: Illustrirte Zeitung, Verlag von J.J. Weber Leipzig, Kriegsnummer 33 (Nr. 3742), 1914; S. 42: Privatarchiv Ilgen; S. 45: Privatarchiv Ilgen; S. 50: Archiv des Deutschen Roten Kreuzes Berlin, Bild-Nr. 233; S. 65: Privatarchiv Ilgen; S. 74: Archiv des Deutschen Caritasverbandes Freiburg, o. Bild-Nr.; S. 79: Stadtarchiv Freiburg, M-75-1-X-23; S. 84: Privatarchiv Ilgen; S. 92: Archiv des Deutschen Caritas-Verbandes Freiburg, o. Bild-Nr.; S. 104: Privatarchiv Ilgen; S. 108: Bundesarchiv Koblenz; S. 117: picture-alliance / dpa; S. 120, 121: Eulenspiegel, Eulenspiegel-Verlag (Ost-)Berlin, 3. Dezemberheft Nr. 51, 1961; S. 129: Bundesarchiv Koblenz, Bild-Nr. 183-28407-0003; S. 130: Bundesarchiv Koblenz, Bild-Nr. 183-89187-0002; S.134 Bundesarchiv Koblenz, Bild-Nr. 183-88579-001

Dank

An erster Stelle möchte ich den Damen und Herren der verschiedenen Archive danken, die mir bei meinen Recherchen so nachhaltig und völlig unbürokratisch halfen; dies gilt insbesondere für Frau Dr. Petra Liebner vom Archiv beim Generalsekretariat des Deutschen Roten Kreuzes in Berlin, Frau Gabriele Witolla vom Archiv des Deutschen Caritasverbandes Freiburg, Frau Dr. Elke Hammer, Herrn Philip Möckel und Frau Brigitte Kuhl vom Bundesarchiv Koblenz, Frau Hilde Zeise und Herrn Franz Göttlicher vom Bundesarchiv Berlin-Lichterfelde sowie Frau Kerstin Bötticher und Herrn Klaus-Dieter Pett vom Landesarchiv Berlin. Ein besonderer Dank gilt meiner Lektorin Frau Regine Gamm vom Primus Verlag für ihre unendliche Geduld, ebenso meiner Lebensgefährtin und nimmermüden Korrektorin Frau Dr. Ute Scherb.

Der Historiker **Volker Ilgen**, geb. 1954, arbeitet als Publizist und Ausstellungsmacher. Bei Primus ist von ihm bereits erschienen: *Am Anfang war die Litfaßsäule. Illustrierte deutsche Reklamegeschichte* (2006, zus. mit Dirk Schindelbeck)